中国梦本质内涵

国家富强　民族复兴
人民幸福　社会和谐

社会主义核心价值观

富强　民主　文明　和谐
自由　平等　公正　法治
爱国　敬业　诚信　友善

社会主义公民基本道德规范

爱国守法　明礼诚信　团结友善　勤俭自强　敬业奉献

文明三字经

徐继忠 著

黄山书社

图书在版编目(CIP)数据

文明三字经/徐继忠著.—合肥：黄山书社，2017.2
ISBN 978-7-5461-6332-1

Ⅰ.①文… Ⅱ.①徐… Ⅲ.①社会主义精神文明建设-中国-通俗读物 Ⅳ.①D648-49

中国版本图书馆 CIP 数据核字（2017）第 042704 号

文明三字经 徐继忠 著

责任编辑 刘 春
装帧设计 观止堂_未氓
出版发行 时代出版传媒股份有限公司(http://www.press-mart.com)
黄山书社(http://www.hspress.cn)
地址邮编 安徽省合肥市蜀山区翡翠路 1118 号出版传媒广场 7 层 230071
印 刷 安徽联众印刷有限公司
版 次 2017 年 3 月第 1 版
印 次 2017 年 3 月第 1 次印刷
开 本 700mm×1000mm 1/16
印 张 15.5
书 号 ISBN 978-7-5461-6332-1
定 价 21.00 元

服务热线 0551-63533706
销售热线 0551-63533761
官方直营书店(http://hsssbook.taobao.com)

目　录

勤学篇

中卷　公民道德三字经

社会公德篇

职业道德篇

家庭美德篇

个人品德篇

下卷　生活常识三字经

前言

《和谐三字经》出版发行后，得到社会各界志士仁人的点赞和热捧，但对书名多有异议。有人说：“和谐”难以囊括全书内容，用“圆梦”为好，能亲切吻合习近平总书记“中国梦”的意愿；有人说，改为“新三字经”，这与原文化部部长高占祥先生《新三字经》同名；有人说，书名不能改，改了会让人产生错觉和误会。我思虑再三，改为《文明三字经》。

初版用“经”字，以借为由。这次再版，我还想用“经”字，为什么？一因初版时，得到中共中央对外联络部原副部长李北海先生的热情点评，中国人民大学文学院教授周宏兴先生的高度肯定：“继忠同志这部《和谐三字经》则是我见到的最值得推荐和阅读的最好的一部。”岳西县政协主席储诚根先生说：“但以我之孤陋寡闻看，到目前为止，继忠先生的《和谐三字经》高标今古，当属压轴扛鼎之作。”二因我有“无欲修身贤族众，有方教子振家声”的好父母教养，从小到老自觉养成“止恶扬善”“诚信清白”和“不烟不酒不嫖不赌不亢不卑”的习惯，骨髓里刻下了中华优秀传统文化的印记。三因发行后，广大读者感慨万千，都说：“警句格言多多章章随处可见，无愧‘经典’之作。”四因我长期生活在大别山沟，特别是“文革”期间精神上、肉体上的折磨比谁都多。是国家改革开放政策实施，我才得以重生，扬眉吐气。晚年时期欣逢盛世，老有所为所乐，当之积极报恩。2004年春初退休，岳西县田头乡政府聘我任关心下一代工作委员会常务副主任，承担公民与青少年道德教育工作，一种崇尚“构建文明和谐社会”的本能，促使我焕发写作的激情，忠于使命之必然，爆发出生命的原动力，因而敢将此项公益之举进行到底，并能对本书中一字一句反复推敲十二年之久。五因我少年时期读了五年“死记硬背”圣贤书，灵魂纯洁天真，个性刚毅木讷，常常大义凛然为弱者主持公道，而被世间游戏规则羁绊，导致六十年人生经历坎坷，甜酸苦辣尝尽。为继承中华优秀传统文化，我当之付出无比艰辛的代价。六因我有四十年教育教学春风炉火的冶炼，全身每个细胞皆是经典。每根血管流淌着经典，每根筋骨闪亮着经典。经者，圣人言。我虽不是圣贤，但我心里全是圣贤之言。七要说明的，全书经文均以“我该怎么做”第一人称而写，使之动情动人，亲切可餐。

为力求尽善尽美，这次再版增加修改，以“精·新·扩”三字为纲。精，精益求精，博采众长，将初版不足之处一一修改过来。新，新意常新，推陈出新，以高尚亮丽的面孔呈现读者面前。广，适当增加典故释义，改版面，换封面，补充中小学教师对学生进行道德教育多个大章节，另加《记者》《银行人》《保险人》《天气谚语》《和睦近邻》《义方教子铭》《兄弟姐妹姑嫂妯娌》《勿中流行观点毒》《餐饮服务》《天气谚语》《安全加油》《留意中国传统节》等29章，其中合并17章，再加初版64章，实际有93章。字数由八万字增加到十二万。

这次再版，全书由原来6724句增加到11100句，奈因我一人所为，一孔之见，才疏学浅，孤陋寡闻，瑕疵难免，恳乞广大读者热忱赐教！

徐继忠

2016年12月16日于岳西县四望山老家

序一（初版序）

一曲和谐赞歌

继忠同志是一位身居山乡僻壤的小学教师。多年来，他像辛勤的园丁一样，默默耕耘，教书、育才，为家乡的教育事业奉献了全部的心血和智慧。同时，他又数十年如一日，笔耕不辍，成为硕果累累的有德有才的优秀作家与诗人。

最近，我又收到他历时十载、屡易其稿、即将出版的《和谐三字经》书稿，希望我能为之写序。鉴于我俩多年师生间的深情厚谊，我当欣然命笔。

以合辙押韵、朗朗上口、诗歌化的简练语言与形式向人们进行传统文化和道德教育的我国第一本启蒙读物《三字经》，是南宋大学者王应麟编写的。千百年来它成为家喻户晓的教材，影响和熏陶了历代炎黄子孙。当今，时逢盛世，“构建和谐社会”成为最得人心的伟大号召，促进与歌颂“和谐”成为文人、学者义不容辞的责任。一些有识之士也效仿《三字经》的形式著书立说。而继忠同志这部《和谐三字经》则是我见到的最值得推荐和阅读的最好的一部。

《和谐三字经》6000 多句，约是宋朝王应麟《三字经》的 20 倍，是现代高占祥《新三字经》的30倍。它共分上、中、下3卷，涉及古今典故600多个。它洋洋洒洒，恢宏博大，内容全面，丰富浑厚，思想健康，意义深刻，文字精粹。作者将青少年道德教育、公民道德教育以及生活常识等，分开撰写，深深触及社会与人生各个领域、各个角落，对人们的一言一行予以耐心开导，做到有为可行、有道可学、有方可循、有模可仿、有情可钟，为人生历程构画一个鲜明的走向，为德善做人立下一个虽高尚但可企及的坐标。因此，《和谐三字经》既能形象而生动地指引人们完美和谐地走好人生，同时，它也是一曲和谐盛世的热情赞歌。

《和谐三字经》，继承了《三字经》写作的形式，采用三字一句通畅流利而合辙押韵的美丽韵文，读起来抑扬顿挫，极具音乐感。作者力求融思想性、教育性、艺术性、知识性、可读性为一体，便于记忆与背诵。其中，很多句子亮如珠玑，可成为人们口耳相传的人生格言。

展读《和谐三字经》，仿佛看见作者在面对我们发自肺腑地咏叹而开颜——时而深情抒怀，时而倾心交流，时而苦心规劝，时而引古喻今……让人们在潜移默化中确定人生价值取向，使我们不经意间得到精神的启迪与升华。

衷心祝愿《和谐三字经》流芳百世，传颂千秋；祝愿继忠同志有更多更好的作品出版。

周宏兴

2009年7月酷暑于京华

周宏兴，1936年生，吉林大安人。中国人民大学文学院教授，北京人文大学创校校长，中国隶体指书第一人。教育家、作家、诗歌评论家、赏石和艺术收藏家与鉴赏家。

梅花香自苦寒来

序二（初版序）

备受名家高评和宣传文化界重视，由徐继忠老先生笔耕十载，多次增删修改的《和谐三字经》，终于珠胎出蚌，传梓问世了。此乃弘扬中华道德文化的大好事，可喜可贺！

自南宋王应麟创编儿童启蒙普及读物《三字经》以来，庙堂乡野，运用这种三字一句的韵文形式，撰编各种内容的三字经层出不穷，绵延千载。但以我之孤陋寡闻看，到目前为止，继忠先生的《和谐三字经》高标今古，当属压轴扛鼎之作。

从篇幅上看，正文内容达 6000 多句，古今已晓的三字经无出其右。从内容上看，分上中下三卷，上卷《青少年道德三字经》，中卷《公民道德三字经》，下卷《生活常识三字经》，搜罗精粹，内容庞博。读本对社会主义公民道德规范和社会主义荣辱观作了具体、充分、全方位的诠释，独插风标。从风格上看，既生动活泼，又严谨协调；既用白话常用语，又引经据典，以古喻今给人启迪；

有的篇章一韵到底朗朗上口，易学易记；有的篇章锦句频出，妙语珠连，可谓挥洒自如，蔚为大观，具有鲜明的思想性、时代性、艺术性和可读性。它对于某些思想浮躁、追慕物欲、道德失范、精神空虚的青少年和公民无疑是一剂心灵的良药；对于弘扬祖国孝、悌、忠、信、礼、义、廉、耻的优良传统，推进社会主义核心价值观的建设，促进以科学发展观为指导，加强精神文明、思想文化建设，构建和谐社会，都有积极的重要作用。

非常之举，必属非常之人。因工作之缘，十几年前有幸与先生相识相知，结为好友。先生少而家贫，身体羸弱，刚毅木讷，风华正茂，负笈宜城高等师专之时因病肄业还乡，从公社文书到代课民师，再到公办教师，历时40余年，清寒度日，书翰为友。其间，或许是上苍有意安排考验，无意中直言冒犯村官，而困于愚蒙之陷阱，历经磨难，身心俱辱达六七年之久。果然，“先生穷且益坚，不坠青云之志；吾志所向，愈挫愈奋”。先生虽年逾古稀，但精神矍铄，目光如电，声若洪钟，虽无飘飘须髯，却有几分仙风道骨。《和谐三字经》历经周折而能面世，若不是先生矢志追求，早当胎死腹中。这又再一次证明，苦难是弱者的一堵高墙，是强者的一把利剑。

参天之木，其根必深。继忠先生无论是务农还是执教，数十年中，博览群书，手不释卷，坚持笔耕，创作不辍，实践中打下了坚实的传统文化和文学基础，因而厚积薄发，大器晚成。年近花甲，佳作连连，诗歌大赛获奖不断，《和谐三字经》是其一系列作品中的力作。

怀山之水，必有其源。继忠先生经历过新旧社会和“文化大革命”前后的沧桑巨变，到晚年而得善果。他深感这是党和国家的雨露滋润，当今社会之和谐温暖，感恩之情，赤诚深笃。身为寒士，心系家国。迟暮之年，仍从事关心下一代工作，教化青少年，使之爱党爱国，孝敬父母，弘扬正气，修德敬业，崇尚科学，当属自己义不容辞之责任。因之，激情不竭，孜孜以求。《和谐三字经》唱出了他的心声。

“吾令羲和弭节兮，望崦嵫而勿迫。”这是继忠先生深感时光宝贵，追求人生更高境界，创作更多喻世、醒世、警世佳作的座右铭。我愿以此言与先生共勉之。

储诚根

2011 年 12 月 30 日夜于静默斋

储诚根，1957 年生，安徽岳西人，现任岳西县政协主席。

序三

李北海部长点评

徐继忠老师：

你好！

目前我在岳西荣幸见到您，感谢您热情接待并赠书留念。

我非常高兴读了您的著作《和谐三字经》。您将从事教育事业几十年经验体会，汇集成书，对公民与青少年的道德教育，定会产生积极深远的意义，并初步玉成范本；它更有助于推动精神文明建设，弘扬科学发展观的主旋律，产生旺盛生命力。可以说，它是构建和谐社会必不可少快速通达的坚实桥梁，是人生能可实行的高尚坐标与向往的灯塔，也是我所读到的《三字经》中最好的一部，值得普遍推广学习。

请再接再厉，为人类创作更多更好的精神财富。

此致

敬礼

李北海

2009年11月14日于中共中央对外联络办公室

李北海，中国国际交流协会顾问、中共中央对外联络部原副部长、全国政协十届外事委员会副主任。

上卷

青少年道德三字经

自律篇

第1章 青少年自律

［八知］

明大道，人当人[①]，倡和谐，诚守信，近圣贤，乐大众，强素质，重文明。

［四原则］

立壮志，炼筋骨；薄自己，厚他人；恶不为，善多行；顾大局，报国恩。

［八自］

奋自强，持自尊，会自理，明自重，严自律，益自信，贤自谦，常自省。

[**十六明**]

遵法规，守纪律；礼貌语，当歌咏；笑常开，和亲邻；顺父母，慰其心，令办事，尽责任，出必告，返必请；尊师长，听教诲，勿呼名，敬于心；兄弟间，一根绳，拧之紧；同学间，惜缘分，互礼敬；不奢攀，衣物丽；交益友，善我行[②]；扬人德，学人优；人过失，能包容；到一处，爱一处；尊风俗，重民情[③]；恩于人，勿挂齿；受人恩，铭于心；我为人，多奉献，人为我，应报恩，以慈悲，纯洁心，臻至善，感动人。

[**十六要**]

衣整洁，讲卫生；仪表端，行庄重；勤学习，不耻问；善自主，学致用；斗闹场，莫接近；惜青春，惜光阴；人有短，勿闲论；人隐私，莫过问；己不欲，勿施人[④]；他所爱，勿强夺；见荣誉，让他人；学先进，帮后进；过必改，莫怨人；成人美，洁心灵[⑤]；轻钱财，重友情；近君子，远小人。

[**十二约**]

不糟物，惜字文；断骄横，防损公；不赌博，戒网瘾；追时尚，勿盲从；伐黄妖，远毒品；戒妄语，不欺心；废懒懈，制任性；乐艰苦，学俭勤； 怜弱势，悯孤贫；拒媚富，反骄贫；不厌故，止喜新；知五常，晓人伦[⑥]。

[十纲领]

爱科学，喜劳动，护生命，敬自然，扶团队，效模范，扬正气，树新风，铭于心，励于行。

【典故释义】

①明大道，人当人："人当人"被镌刻在联合国大厦大厅，作为人与人和平共处的黄金原则。

②交益友，善我行："交益友"语出《论语·季氏》："益者三友，友直，友谅，友多闻，益矣。"意思是说有益的朋友有三种，与正直的人交朋友，与诚信的人交朋友，与知识广博的人交朋友，是有益的。"善我行"语出《论语·述而》："三人行，必有我师焉。择其善者而从之，其不善者而改之。"意思是说许多人同行，他们各具优点和缺点，他们的优点我要学习，他们的缺点，如果自己有，要改正；如果没有要加以防范，免蹈覆辙。所以他们都可以做我的老师。

③尊风俗，重民情：典见琮琼《劝忍百箴译注》（山西古籍出版社）："夏禹入裸国而解裳。墨子谓乐器为无益而不好，往见荆王而衣锦吹笙。"意思是说夏禹到裸国去就毫不犹豫地把衣裤脱光，这并不是忘记了礼，而是顺从习俗。墨子是主张节俭而批评音乐的人，他去访问荆王时却穿着锦衣，吹起了笙，这不是违背了本性，而是顺从荆王的喜好。

④已不欲，勿施人：语出《论语·卫灵公》："己所不欲，勿施于人。"意思是说自己不想做的，切勿强加给别人。也被刻在联合国大厦大厅。

⑤成人美，洁心灵：语见《论语·颜渊》："君子成人之美，不成人之恶。"意思是说君子成全人家的好事，不帮助别人做坏事，从而让心灵洁净。

⑥知五常，晓人伦：五常，五条做人准则，即儒家提倡的"仁、义、礼、智、

信”的道德理念；简言之，仁乃宽厚，义乃正直，礼乃谦让，智乃才能，信乃诚实。人伦，即人与人之间的关系与应恪守的行为准则，“父子有亲，君臣有义，夫妇有别，长幼有序，朋友有信”。

修身篇

第2章 知荣辱

[何谓知荣辱]

蚕吐丝，蜂酿蜜，鸡司晨，犬守夜，牛耕田，马驮人，众生灵，责与职，荣与辱，能分明；而为人，万物灵；知羞耻，人之本；仓廪实，礼仪丰①。

[知荣辱行动]

懂国学，知传统；弘正气，兴义仁；苦而乐，弘俭勤；不骄奢，公私明；比我强，当以敬；比我弱，不欺凌；辨美丑，分清浊；尊科学，实践行；洁身好，远邪恶，先正己，后正人；存敬畏，握戒尺；强自律，多自省；受他律，常反躬；不懒懈，干实事，争朝夕，惜秒分；法和纪，高压线，勿触犯，勿侥幸；亏心事，若梦魅，一朝染，妖魔跟；忌虚假，戒空谈；以信誉，换真情；多谋事，少谋人；大小事，明责任；有得失，勿计较；有苦难，勿怪人；身若残，志莫穷；贫不移，威不屈，富不淫，谨言行②；学女娲，补苍穹；效后羿，济苍生；思夸父，追光明③；学老虎，站着死，勿仿犬，跪着生；女强人，张海迪，截双腿，奋自学，成专家，善治病，写美文，译外文④；好男孩，名刘伟，失双臂，脚弹琴，会游泳，参大赛，创奇迹，获冠军⑤；敦诗礼，亲贤能；不钓誉，不沽名，不作秀，雅人品；涌泉报，滴水恩。

[生命价值观]

明目标，奋勇进，顾大局，树高风；成大事，不纠结；有志者，事竟成；轻生命，虫蚁笑，有口气，吞雷霆；命运逆，勿沉沦，冰雪化，春多情；有挫折，青山在，雨露润，树多情；发肤体，父母赐，勿忘恩，莫私奔；高山头，望大水，渣滓泛，终会沉；为人者，骨当硬，活着好，孝双亲；活圆满，育儿孙，活精彩，壮人生；善忍耐，有成功。河西东，看几年，走着瞧，谁输赢？有生命，当火炬，而燃烧，而明道，而明智，而明德，强骨气，强精神，向现实，不妥协，向世风，不低头；挺直腰，信国家，信政府，信政策；不魔法，不冷剑，网关系；不邪见，网人情，网友朋；举旗帜，传清白，守规则，护集体，学雷锋；拒诱惑，淡物质，远金钱，轻个人；失败中，站起来；成功中，走出来；念乡愁，记初衷；以良知，守底线，补短板，为大局，而生存。

【典故释义】

①仓廪实，礼仪丰：语出《管子·牧民》：“仓廪实则知礼节，衣食足则知荣辱。”意思是只要百姓的粮仓是充足的，才能知道礼仪，丰衣足食人才会知道荣誉和耻辱。

②贫不移，威不屈，富不淫，谨言行：语出《孟子·滕文公下》：“富贵不能淫，贫贱不能移，威武不能屈，此之谓大丈夫。”意思是富贵时不能被其迷惑做过分的事情，贫贱时不能使其改移自己的道德修养，威逼利诱不能使其意志屈服，这样才叫作大丈夫。

③学女娲，补苍穹；效后羿，济苍生；思夸父，追光明：这些中国远古时代的英雄敢于牺牲自己的一切，都有为国为民献身的雄伟抱负与志向，当是我们永远学习的楷模。

④女强人，张海迪，截双腿，奋自学，成专家，善治病，写美文，译外文：张海迪，女，1955年生，现任中国残疾人联合会主席。中国青年自强不息的楷模。5岁患病导致高位截瘫，在轮椅上奋斗一生。20岁前后，自学英语、日语、德语和医学知识，获得多个硕士研究生学位，用针灸治愈一万多人的各种疾病。1983年开始文学创作，出版长篇小说一部，翻译多部外国文学作品。

⑤ 好男孩，名刘伟，失双臂，脚弹琴，会游泳，参大赛，创奇迹，获冠军：刘伟，男，1987年生，2011年中央电视台“感动中国”十大人物之一。10岁因事故截去双臂；12岁在康复水疗池中学会游泳，两年后在全国残疾人游泳锦标赛中夺得两枚金牌；16岁学会用脚打字；19岁学会用脚弹钢琴；22岁挑战吉尼斯纪录，一分钟打出233个字母，成为世界上用脚打字最快的人；23岁登上了维也纳金色大舞台，见证了中国男孩自强不息的顽强精神。

第3章 谦恭

[谦之荣]

谦受益，满招损①；慎其独，内敛心②；泰山稳，寄谦恭；贤德者，谦以荣；谦终生，事事成。

[谦之物]

虚心竹，低头叶；傲雪梅，暗香生；花美丽，绿叶扶；北斗明，七星拱；海纳川，容乃大；壁千仞，高乃空③；请诸君，将自己，比滴水，放进海，无我分，化小我，为大我，载航轮，灿星空。

[谦之益]

夏大禹，三让位；孔圣人，不耻问；医生谦，技艺精；官谦恭，民解困，步步稳，事业兴；民谦恭，友成群；商谦恭，生意隆；师谦恭，德望高，桃李硕，多梁栋。

[谦之方]

谦养心，德养身，才忌露，气忌盛④；贵不骄，胜不恃，贤能下，刚而忍⑤；饱时思，饿时饥；富日想，他日贫；得势想，失势痛；暖时想，寒时冰；成功虑，落魄苦；荣耀记，走下风；失意时，深自省，找平衡；得意时，勿失态，高清醒。竞争激，人才众，有优越，勿骄横；持低调，众人尊；做学问，严而谨，少说懂，莫装懂；御危机，勿自封；宠思辱，安思危；福思祸，利思仁；赢思输，退思进；真智慧，谦于行。

【典故释义】

①谦受益，满招损：语出《尚书·大禹谟》："满招损，谦受益。"意思是满足已取得的成绩，将会招来损失和灾害；谦虚并时时感到自己的不足，就能因此而受益。

②慎其独，内敛心：语出《礼记·大学》："所谓诚其意者，勿自欺也。如恶恶臭，如好好色，此之谓自谦。故君子必慎其独也。"意即使自己意念诚实，不能自欺欺人。这样才能让自己与他人都满意。所以君子在独处时，要严于律己，谦恭谨慎，内敛其心。

③海纳川，容乃大；壁千仞，高乃空：语出清朝大臣林则徐"海纳百川，有容乃大；壁立千仞，无欲则刚"联。意即胸能容海，觉得自己渺

小；站立千仞壁空之上而看万事万物，觉得自己无能。没有这种境界，难以谦虚。

④谦养心，德养身，才忌露，气忌盛：语出清代金缨《格言联璧》（崇文书局，2012 年）。

⑤贵不骄，胜不恃，贤能下，刚而忍：语出《诸葛亮集·将苑》（中华书局，1960 年）："贵而不骄，胜而不恃，贤而能下，刚而能忍，此之谓礼将。"意思是说身居高位但不盛气凌人，功绩卓著又不骄傲自大，贤德而不清高，谦让比自己地位低的人，个性刚直又能包容他人。

第4章 平和心态

为人者，善交际，持平和，静心态，化矛盾，变消极，为积极：人妒忌，谨以礼；人戏谑，勇争气；人斥责，明理智；人使绊，长记性，强能力；人遗弃，奋有为，健自立；人排挤，胸放宽，不自弃；人鞭挞，思功过，为动力；人欺骗，追根底，增见识；人讽刺，结知交，奋不息；人诽谤，视垃圾，不要理；人作践，忍一忍，勿忘耻；人算计，多戒备，施善德；人夺爱，不结怨，随缘喜；人仇恨，化利剑，为锄犁；人报复，解误会，不回击；人伤害，勿自卑，炼心志；人冷遇，边缘化，看历史，觅知己；想问题，换角度，冷思考，不猜疑；孤独时，回其光，返其照，莫攀比；怨恨时，寻光明，破密码，足底气；放架子，淡名利，顾大局，识大体。人一生，莫结怨，活开心，苦乐欢，擎天地。

第5章 团结

[团结意义]

一棵松，不成林；两棵松，难挡风；十棵松，难护堤；百棵松，一片荫；万棵松，汇林海，枝挽枝，根抱根，固江山，万年春；万千人，缔团结，广利群，筑长城，稳乾坤，天下公。

[团结策略]

不分裂，不阴谋，互关爱，荣辱共，善其意，倡批评；强盛者，勿炫富，助弱者，财路通；弱势者，莫丧志，学慢鸟，先飞行；晚辈者，勿顶牛，多谋事，少管人；开心笑，百怨消，睦合作，泯私心；抬轿人，坐轿人，花花轿，人抬人，想坐轿，先抬人，欲坐稳，团结人；凿凳榫，记保本，加四利；箍木桶，一寸板，让三分，缝且紧，水不漏，固一统；长短板，取其短，存小异，求大同。

[团结方法]

一根筷，易折断，一把筷，断不成，相互爱，团结亲；好坏话，耐心听；对和错，是非分；对自己，专其错；对他人，专其功；不拆台，不钻孔；不坏心，不妒心，不偏心；错反对，仔细听，深分析，觅原因；有误会，多沟通；无则勉，视明镜；有矛盾，不记恨，有功劳，不独吞；有过失，不设井，不下石；三人行，有我师，辨伪真，常反省；言吾善，未必友；言吾恶，予师尊[①]；大家好，才算好；建友谊，于信任，忌猜疑，结芳邻；允犯错，准改过；胸常怀，天下心；改错过，亦君子；缠老账，亦小人；毁人者，必自损，玩火者，必自焚；勿仇官，勿仇富，谋发展，靠自身；缘虽尽，情莫绝，留一线，厚义仁；学会忍，调静音；不苛刻，身边人。

[团结作用]

有无情，善必诚[②]，诚必信，信必行；行必果，果必真；真实和，和缘分，家庭和，万事兴；乡村和，人财旺；天地和，万象新；民族和，江山稳；海两岸，结同心，筑长城，灾易赈；和为贵[③]，固一统，顾大局，忘私愤；将相和，诚负荆[④]；楚魏战，糟瓜苗，浇水肥，干戈停[⑤]；冯玉祥，和异己[⑥]，肝胆照，铸铁军；国人拧，一股绳，手挽手，一股劲；千重险，万般难，人心齐，化彩虹！

【典故释义】

①言吾善，未必友；言我恶，予师尊：语出明范立本《明心宝鉴·正己篇》："道吾善者是吾贼，道吾恶者是吾师。"意思是说，说我优点的人不一定是朋友，说我缺点的人却是老师。

②有无情，善必诚：不管是谁对我有情无情，均以善以诚待之。

③和为贵：语出《论语·学而》："礼之用，和为贵。"

④将相和，诚负荆：典出《史记·廉颇蔺相如列传》。赵国大将廉颇与宰相蔺相如不和，蔺相如以国家大局为重，不计廉颇夙怨，廉颇深受感动，主动背着荆条来蔺相如府上请罪，两人重归于好，共同效国，使强秦不敢入侵。

⑤楚魏战，糟瓜苗，浇水肥，干戈停：战国七雄称霸，魏楚交战，楚国一大片瓜苗被糟蹋，战后魏国将士和百姓主动给楚国受伤瓜苗培土、浇水、施肥，无声感动了楚国的上层与广大百姓，双方结成联盟，和谐相处很长时间。

⑥冯玉祥，和异己：民国期间冯玉祥任军长时，有位师长长期和他过不去，后来冯玉祥首先任用那位常提意见的师长当军长，组成抗日联军。

第6章 文明

[文明之义]

龙飞天，万物亲，合天地，之厚德，合日月，之贤明，之无私，合四时，之顺序，奉文明[①]；龙在田，主天下，之礼乐，之公正，之睿哲，之平等，之善行，之文章，著文明[②]；龙舞灯，灯心空，亮灿灿，人心空，放光明，倡文明；有理想，有信仰，有担当，有良心，显文明。

[文明纲领]

礼仪邦，礼貌兴，知文明，不聒噪，不卖弄；不知礼，无以立[②]；尊四美，千祥集；倡五讲，百福臻[③]。

[文明行为]

行住坐，要端庄；体裸露，损尊容；衣冠整，洁而净；穿和戴，勿超群；好男儿，勿怪异，勿怪发；好女孩，不浓妆，仪表正；垃圾物，不乱扔；紧口舌，不乱吐；正手脚，不乱行④；过马路，眼看清，脚慢走，红灯停；上下车，不推搡，让车人，绿灯行；扶老弱，助残孕；有磕碰，谅解人； 进集市，买货物，排好队，勿挤人；面见人，叫几声；见同学，笑盈盈；来宾客，不围观；有纠纷，担责任；损公物，即赔偿；惜粮食，节源能； 珍文字，爱书籍；爱花草，爱树木，美环境，讲卫生；护文物，保公物，不刻划，墙柱门；读与写，姿势正；关门窗，动作轻；入宴席，勿乱行；他人物，莫乱翻；室无人，不要进；要进门，手轻敲，声轻唤；经允许，笑握手，礼貌问；人说话，莫插言；人休息，或办事，勿吵闹，安静等；贫而乐，富而礼⑤；勿以貌，取人品；勿给人，起绰号；拆人信，法不容。

[文明心灵]

自己事，自己做，衣和物，摆齐整；不挑吃，不挑穿；无口过，无恶行； 诚指路，勿乱引；助人乐，无富贫；借钱物，准时还；拾钱财，还主人；人破相，莫耻论；莫恃强，勿好胜；人亮点，多赞美；亲老幼，恭弟兄；请办事，观话风，摩其意，揣其情；明其道，计其功⑥，见人恶，即内省⑦，有则改，无自警；有无理，让几分。

[文明作风]

行制度，不走样；守规约，当标兵；过楼道，步轻轻；集合时，快齐静；与共事，不刁难；团队议，句句从；有榜样，虚心学；服管理，不骄横； 观演出，看竞赛，输和赢，掌鼓劲，贵参与，重友情；迎宾客，躬身请；让其坐，茶水奉；礼貌语，甜齿勤；分宾主，勿抢位，谨言行，善宽容；秉仁和，天地阔，励公德，心信行。

【典故释义】

①龙飞天，万物亲，合天地，之厚德，合日月，之贤明，之无私，合四时，之顺序，奉文明：《易·乾·文言》："飞龙在天，利见大人，何谓也？子曰：同声相应，同气相求，水流湿，火就燥，风从龙，云从虎，圣人作而万物亲。""夫大人者，与天地合其德，与日月合其明，与四时合其序。"即万事万物意奉文明。（语见清朱骏声：《六十四卦易经解析》中华书局，1958年6月第一版）

②龙在田，主天下，之礼乐，之公正，之睿哲，之平等，之善行，之文章，著文明：《易·乾·文言》："见龙在田，利见大人，君德也。见龙在田，时舍也。见龙在田，天下文明。"《书·舜典》："睿哲文明。"孔颖达疏："天下文明者，阳气在田，始生万物，故天下有文章而文明"。

③不知礼，无以立：语出《论语·尧曰》："不知礼，无以立也。"意即不懂礼仪，就不能立身处世。

④尊四美，倡五讲：1981年2月25日全国总工会、共青团中央、全国妇联、中国文联、中央爱卫会、全国学联、全国伦理学学会、中国语言学学会、中华全国美学学会等九个单位联合向全国人民发出"五讲四美"

倡议书，“四美”即心灵美、语言美、环境美、行为美，“五讲”即讲文明、讲礼貌、讲卫生、讲秩序、讲道德。

⑤紧口舌，不乱吐；正手脚，不乱行：意即管好自己的口，不随地吐痰，不说脏话，不乱开玩笑；管好自己的手，不乱抛垃圾，不乱写乱画；管好自己的脚，不践踏花草树木。

⑥贫而乐，富而礼：语出《论语·学而》：“贫而乐，富而好礼。”意思是贫穷仍能乐道，富贵仍然好礼。

⑦明其道，计其功：语出《汉书·董仲舒传》：“夫仁人者，正其义不谋其利，明其道不计其功。”意即与人要讲仁义，人的一切以正义为重，以利益为轻，去追求道义，不要过于计较自己的功劳。

⑦见人恶，即内省：意思是发现或看到他人的过错时，自己要认真想想，有没有相同或类似情况，有则改之。

待人篇

第7章 至孝父母

[慈母十月怀胎恩]

百之德，善为首，百之善，孝为尊[①]；守孝道，报之本，义务尽，至送终[②]。母怀胎，如火坑：头月胎，如凝露，母脚软，少精神，常感冒，冷惊风，肢无力，懒出门；二月胎，似凝酥，母不安，睡不宁，心意乱，面憔悴，诸美味，当药吞；三月胎，血凝球，母呕吐，常恶心，翻肠肚，苦水涌，酸和痛，如扎针；四月胎，成人样，母痛苦，伤七情，茶不思，饭不想，时冷热，时抽筋；五月胎，五体成，母身重，若千斤，一步移，三寸路，天地转，黑沉沉；六月胎，六精开[③]，母亦坐，热蒸笼，瘦如柴，酸痛忍，守乖儿，笑盈盈；七月胎，长骨节，八万四，毛发生，母腹大，山一座，行住坐，难安身；八月胎，九窍成[④]，儿乱腹，想翻身，拳脚踢，痛难忍，朝怕雾，夜怕风；九月胎，吸母血，生熟脏，耸高峰[5]，日日夜，双脚蹬，双拳动，奋力拼；十月胎，长完成，儿撞腹，求出生，母裸体，羞痛忍，呼苍天，呛地痛，泪如雨，死来侵！衣湿透，一层层，血流河，痛死生，儿下地，身健康；心头肉，视宝珍；眉笑弯，挂彩虹；美好梦，寄儿女，生生死，为儿奔；左尿湿，右边睡，右尿湿，睡母身；儿啼哭，母心碎，儿小哼，母大哼；三九天，地冻裂，母喂乳，敞开胸；洗脏物，手冻僵，日夜换，无怨声；三伏天，护儿睡，手摇扇，惠轻风；父亦天，母亦地，共覆载，恩同等。

[父母养育恩]

甘美食，留儿吃，好衣物，留儿用，舍不得，动一分；儿会说，父母唱；儿会走，常担心；时刻伴，怕摔身；病求医，熬日夜，煎汤药，肝胆奉；天天盼，早成人；学龄到，进学校，周年累，操碎心；怕途中，出事故，忙送接，乐艰辛；怕同学，欺和辱，疑老师，不关心；忧学习，进步慢；思体质，弱于人；做作业，父母伴；字字句，细叮咛；夜枕母，肘酸痛，卧盖被，怯儿惊；孩儿苦，愿代受；为儿累，汗湿襟；睡眠时，一呼吸，细细数；醒来时，一逗笑，乐开心；一菜饭，合儿味；一手脸，洗洁净；一衣鞋，合儿体；一步步，教走正；一冷热，敲警钟；儿出行，父母虑；一桩桩，记于心；按时归，倚门望；未回家，火燎心；日望影，夜望星；成家业，挑重担，娶了媳，想抱孙；两鬓白，又奋斗，九分劲，拼十分；不奢望，儿报恩；父母寿，百多岁，心常忧，笨儿孙；儿女债，难还尽；撼天地，父母心。

［至孝典范］

十大恩，述难尽[6]；天之理，孝双亲；大舜贤，孝瞽叟[7]；周曾参，啮指痛[8]；朱寿昌，血水忏[9]；老莱子，戏娱亲[10]；汉黄香，冬温衾[11]；晋吴猛，恣饱蚊[12]；汉毛义，赡养母，诚捧檄，为亲存[13]；庾黔娄，尝粪忧[14]；魏王裒，泣雷坟[15]；晋杨香，扼虎颈，女救父，搏腥风[16]；汉伯俞，泣母杖，惧不痛，心如焚[17]；羊跪乳，鸦反哺；田世国，偷捐肾[18]；李宗法，立孝法[19]；李世同，兴活动[20]；林秀贞，三十年，义赡养，孤寡人[21]；戴永胜，治母病，寻妙药，走九省[22]；生前孝，一滴水，胜死后，泪泉涌；古今人，孝者多；报春晖，寸草心。

［至孝父母二十四善义务行］

父母呼，立刻应；父母训，恭敬听；父母令，立即行；父母事，代劳神；父母恙，适时诊；父母友，倍相尊；父母做，饭菜茶，不挑剔，恭敬用；父母岁，知于心[23]，生日到，表寸心；亲饮食，合其味；好颜色，悦双亲；好酒食，亲先用；餐饮食，先事亲；亲远归，热洗尘；冬送暖，夏送凉；保卫生，衣洗勤；出而告，返而请；常回家，送温馨；话家常，熬汤羹；率其妇，孝热心；亲身健，教锻炼；常体检，问细心；去旅游，活开心；言天下，无口过，走天下，无恶行，对得起，父母亲；树榜样，示儿孙。

［至孝二十四德平常行］

给父母，要留足，零用钱；夸父母，之业绩，好人品；和父母，共分享，快乐事；挤时间，说说话，交交心；有自己，工作地，带父母，看一看；教父母，玩电脑，用手机，俏学问；若出门，回来时，带点礼；释情怀，喜父母，社交圈，多尊重；远行时，打电话，报平安；家庭中，闹矛盾，消息封；同父母，外出时，让走前；同行时，慢慢走，听教训；事事顺，不添乱；对和错，笑让忍；行住食，密关注；照照相，合合影；常满足，所爱好，与需求；说话时，当和缓，不高声；起居事，生活事，细照料；父母言，勿插言，莫相争；常回家，度假日；买合适，日用品，医药品；领父母，理理发，洗洗澡，泡泡脚，梳梳头，换换衣；回到家，给父母，做做事，整房间，不表功。

［至孝三十六贤报恩行］

子欲养，亲不在，悔何用？有父母，相关爱，福自珍；有代沟，改劣性，和谐让，礼之用；五不孝，戒之谨[24]；亲健在，孝多行；管作息，管劳累；请保姆，福院进；安其居，乐其心；身发肤，受父母，不毁坏，孝之始；身而立，道行正，振家声，孝之终；亲所好，尽其能；亲有为，助所成；亲有难，急解困；亲不爱，勿强行；亲所爱，喜于形；亲所过，劝不逆；柔和谏，号泣省；亲所恶，惧勿怨；亲丑陋，亲愚笨，勿糟蹋，勿弃扔，尽义务，力从心；亲惩罚，莫怨恨，有无理，细关心；亲而忧，忧其忧；亲而乐，乐其乐；喜惧兼，莫怨声；亲憎我，孝方贤，学会忍，慰其心；善进退，勿记恨，妙解怨，莫私奔；亲财物，不骗用，经允许，用之明；亲隐私，莫过问；亲唠叨，点头应；不带辱，不耻亲；不以亲，而出气；不怒斥，不恶名；非法孝，愚之孝，要克服[25]；重人格，讲平等，互信用；亲而殁，哀祭勤，居肃穆，忌欢欣；亲相片，雅珍存；亲贤德，传子孙；亲之志，力完成；亲深恩，牢记心；尽其孝，福禄永；我孝亲，儿孝我，究根底，孝自身；人至孝，天在看，随影行，植福根，兴未来，先积德；孝道尽，代代兴。

[至孝善报]

大舜孝，感天地，国安泰，百业兴；周郯子，寻鹿乳，孝双亲，做国君[26]；陆绩孝，大业成[27]；江革孝，受皇封[28]；纯孝报，吴陈遗，聚焦饭，脱险境[29]；文明邦，重文明，好传统，永继承；视长辈，如宝珍，社会和，万万春。

【典故释义】

①百之德，善为首，百之善，孝为尊：语出《孝经·开宗明义》："夫孝，德之本也。""立身行道，扬名于后世，以显父母，孝之终也。夫孝，始于事亲，中于事君，终于立身。"

②守孝道，报之本，义务尽，至送终：语出《孝经·纪孝行》："孝子之事亲也，居则致其敬，养则致其乐，病则致其忧，丧则致其哀，祭则致其严，五者备矣，然后能事亲。"意思是说孝子侍奉双亲，在家就对双亲尊敬，供养就要让其快乐，双亲病了就很忧愁，去世了就要哀悼，祭祀时要严格遵守规矩，这五个方面都具备了才能谈得上对亲人的孝道。

③六月胎，六精开：六精指人的眼、耳、鼻、舌、身、意六方面。

④八月胎，九窍成：九窍指人的双耳、双眼、双鼻孔、口、尿道、肛门。

⑤生熟脏，耸高峰：语出《佛说父母恩重难报经》：母亲怀胎九个月时，胎儿能吸五谷菜果的精华，开始发生变化，形成生脏向下、熟脏向上状态，

那血浆包裹的胎盘迅速扩张，胎儿随之快速发育长大，手脚不断躁动，有如耸出地面的高山，慢慢化为一条连接母亲与胎儿的输送带（脐带），不断将母亲血液中的养分输送给胎儿，母亲因而承受着极大的痛苦。

⑥十大恩，述难尽：十大恩是指怀胎守护恩、临产受苦恩、生子忘忧恩、咽苦吐甘恩、回干就湿恩、哺乳养育恩、洗濯不尽恩、远行忆念恩、深加体恤恩、慈悲怜悯恩。

⑦大舜贤，孝瞽叟：见李然等《二十四孝图说》（上海大学出版社，2006年）"孝感动天"。舜，传说中的远古帝王，五帝之一，姓姚，名重华，号有虞氏，史称"虞舜"。相传他的父亲瞽叟及继母、异母弟象，多次想害死他：让舜修补谷仓仓顶时，他们从谷仓下纵火，舜手持两个斗笠跳下逃脱；让舜掘井时，瞽叟与象却下土填井，舜掘地道逃脱。事后舜毫不记恨，仍对父母恭顺，对弟弟慈爱。他的孝行感动了天帝。舜在历山耕种，大象替他耕地，鸟代他锄草。帝尧听说舜非常孝顺，有处理政事的才干，把两个女儿娥皇和女英嫁给他，经过多年观察和考验，选定舜做他的继承人。舜登天子位后，去看望父亲，仍然恭恭敬敬，并封象为诸侯。

⑧周曾参，啮指痛：典见《二十四孝图说》"啮指痛心"。曾参，字子舆，春秋时期鲁国人，孔子的得意弟子，世称"曾子"，以孝著称。少时家贫，常入山打柴。一天，家里来了客人，母亲不知所措，就用牙咬自己的手指。曾参忽然觉得心痛，知道母亲在呼唤自己，便背着柴迅速返回家中，跪问缘故。母亲说："有客人忽然到来，我咬手指盼你回来。"曾参于是接见客人，以礼相待。

⑨朱寿昌，血水忏：典见《二十四孝图说》"弃官寻母"。朱寿昌，宋代天长人，7岁时，生母刘氏被嫡母（父亲的正妻）嫉妒，不得不改嫁他人，五十年母子音信不通。神宗时，朱寿昌在朝为官，刺血书写《金刚经》，行四方寻找生母，得到线索后，决心弃官寻找生母，发誓不见母亲永不返回。

终于在陕州遇到生母和两个弟弟，母子欢聚，这时母亲已经 70 多岁了。

⑩老莱子，戏娱亲：典见《二十四孝图说》“戏彩娱亲”。老莱子，东周时期楚国人，为躲避世乱，自耕于蒙山南麓。他孝顺父母，尽拣美味供奉双亲，70 岁尚不言老，常穿着五色彩衣，手持拨浪鼓如小孩子般戏耍，以博父母开怀。一次为双亲送水，假装摔倒，躺在地上学小孩子哭，二老大笑。

⑪汉黄香，冬温衾：典见《二十四孝图说》“扇枕温衾”。黄香，东汉江夏安陆人，9 岁丧母，事父极孝。酷夏时为父亲扇凉枕席，寒冬时用身体为父亲温暖被褥。少年时即博通经典，文采飞扬，民间广泛流传“天下无双，江夏黄香”。

⑫晋吴猛，恣饱蚊：典见《二十四孝图说》“恣蚊饱血”。晋朝吴猛，8 岁能事亲至孝。家贫，床无蚊帐，夏夜，他先到父亲寝所任凭蚊虫叮咬吸血吃饱，然后，再请父亲安睡，使其不受蚊害。

⑬汉毛义，赡养母，诚捧檄，为亲存：典见《后汉书·刘赵淳于江刘周赵列传》。毛义，字少节，东汉末庐江人。自幼丧父，母子相依为命。家境贫寒，年少便以为他人放牧为生，箪食瓢饮，奉养其母。母病伺候汤药，曾割股疗疾。遂以孝行称著乡里，被举为贤良。朝廷得知，送檄文赏封他为安阳县令，为了安慰母亲，毛义迎至“临仙桥”喜接檄文。然而时隔不久母亲病逝，朝廷派人专程前来看望，岂知毛义却跪拜于“临仙桥”上，将原赏封安阳县令的檄文双手捧还，“躬履逊让”，不愿为官。葬母后隐居山野。

⑭庾黔娄，尝粪忧：典见《二十四孝图说》“尝粪忧心”。南齐庾黔娄，任孱陵县令。到任才几天，闻父病重，弃官归家。知父病危问医，医者言：“欲知君父生命如何，唯尝粪便。味苦可救，味甜难医。”庾黔娄立即尝粪，发现味甜。当天初更，他心急如焚来到后院，向北斗星辰祷告祈求：“苍天神灵护佑我父长命百岁吧，我愿代父受罚（领罪、减寿）也。”

⑮魏王裒，泣雷坟：典见《二十四孝图说》“闻雷泣墓”。三国时期

魏国王裒，幼年孝顺父母。其父王仪被司马昭无辜杀害后，百倍孝母。母生性怕雷，逝世后，与父合葬一墓。每当雷雨骤至，他都冒雨奔到墓前，哭诉道："孩儿王裒在此，父亲母亲不要害怕。"

⑯晋杨香，扼虎颈，女救父，搏腥风：典见《二十四孝图说》"扼虎救父"。晋代杨香，14岁那年，随父田中割麦，一只猛虎扑来，将其父叼去。杨香不顾自己生命危险，用左手扼住虎颈，右手奋力击打，猛虎松爪放下她父亲，逃跑了。

⑰汉伯俞，泣母杖，惧不痛，心如焚：典见刘向《说苑·建本》"伯俞泣杖"。汉朝伯俞，一次犯错，其母打他，他伤心痛苦，母问何故。他泪流满面回答："你今日打我我毫无痛觉，你的身体大不如以前了。"

⑱田世国，偷捐肾：2004年中央电视台"感动中国"栏目，播出了广州律师田世国为患尿毒症的母亲偷偷捐肾的故事，被称为孝子。

⑲李宗法，立孝法：李宗法，四川省成都市律师，2004年10月向省人大递交《孝法——四川省父母子女家庭关系规定》，提出："本省招收、聘用、晋升公务员、领导干部，必须审查其孝敬赡养父母情况，并以此作为衡量其品行是否端正的第一前提。事亲不好者不得连任、晋升、平调单位领导干部。"《成都晚报》长期跟踪宣传。

⑳李世同，兴活动：李世同是河南省杞县人，2005年1月被评为"感动中国十大孝子"之一。他在河南省杞县政协工作期间，深入50多个村镇，调查乡村老人生活状况，积累资料20多万字，统计出老人中开心者占20%，受委屈者占40%，遭虐待遭遗弃者占20%，一般者占20%；靠自己劳动养活自己者占70%，半靠自己半靠子女养活者占20%，全由子女养活者只占10%。为改变这种不孝社会风气，他发起成立"敬老孝老志愿者协会"，召开孝老报告会60多场，解决老人与子女纠纷案200多起。实现了《孝经·三才》中孔子所说的"先之以博爱，而民莫遗其亲；陈之德义，

而民兴行”的良好社会风气。

㉑林秀贞，三十年，义赡养，孤寡人：2006年“感动中国”十大杰出人物之一的林秀贞，三十年如一日，义务赡养六位与自己无任何血缘关系的孤寡老人。

㉒戴永胜，治母病，寻妙药，走九省：戴永胜，山东枣庄煤矿工人，2005年1月被评为“感动中国十大孝子”之一。2001年他母亲患卵巢癌，他一面请医治疗，一面从心理上安慰母亲。为了让母病早愈，他跑遍九省二市，搜集各种抗癌药十多种和一百五十多个民间药方，2004年母亲癌细胞萎缩60％，延长寿命多年。

㉓父母岁，知于心：语见《论语·里仁》：“父母之年，不可不知也。一则以喜，一则以惧。”意即儿女应知道父母生日与岁次，一因长寿而高兴，一因衰老而担忧。

㉔五不孝，戒之谨：语见《孟子·离娄下》：“世俗所谓不孝者五：惰其四肢，不顾父母之养，一不孝也；博弈好饮酒，不顾父母之养，二不孝也；好货财（贪吝钱财），私妻子（只顾老婆孩子），不顾父母之养，三不孝也；以耳目之欲（放纵享乐），以为父母戮（儿女强行父母为其劳累办事），四不孝也；好勇斗狠，以危父母（打骂致死父母），五不孝也。”

㉕非法孝，愚之孝，要克服：非法孝，不可打骂虐待父母；父母若作恶，儿女不能助其恶，当耐心劝阻制止，触犯国法要挽救，不可欺之，仍孝之。愚之孝，元朝郭居敬首倡“二十四孝”，其中“汉郭巨为母埋儿”事，严重悖逆《孔子·孝经·开宗明义》之教导：“身体发肤，受之父母，不敢毁伤，孝之始也。”郭巨愚孝，当以禁止；又《晋王祥卧冰求鲤》孝，同样不能提倡，古之“二十四孝”只能倡导二十二孝。

㉖周郯子，寻鹿乳，孝双亲，做国君：典见《二十四孝图说》“鹿乳奉

亲”。东周时期，有一大孝子名郯子，家教甚严，诗书礼义皆通，品德高尚，大孝父母闻名乡里。不料父母年高，双目失明，唯鹿乳可愈。他求人获得鹿皮，披身入山钻进鹿群挤奶，猎人误认为鹿，正欲射杀时，郯子急撤开身上鹿皮，说明原委。他的行为感动了猎人，猎人把他送出了山林。国人纷纷拜郯子为师，并以郯为国号，让其做郯国第一位国君。

㉗陆绩孝，大业成：典见《二十四孝图说》“怀橘遗亲”。后汉陆绩9岁时，去九江见大官袁术，袁术以橘招待。陆绩思其母爱食橘，怀藏三枚孝母。拜辞时，怀中两枚橘落地。袁术笑曰：“陆郎做客何怀橘乎？”陆绩跪曰：“橘乃我母所爱，欲归以遗母也。”他后来官至太尉，成为当时的大天文学家。

㉘江革孝，受皇封：典见《二十四孝图说》“行佣孝母”。东汉江革，齐国临淄人，少年失父，独与母居。屡遭战乱，负母逃难。几次路遇匪寇抢劫，他不顾自己生死，保护母亲安全。一次匪寇要杀江革，江革含泪哀求：“杀我何惜？可我老母谁来供养？”一语感动了匪徒，不忍杀。转至下邳，仍一贫如洗，靠行佣拉车挣钱养母，孝传天下。汉明帝得知，推为孝廉；汉章帝推为贤良方正，任五官中郎将。

㉙纯孝报，吴陈遗，聚焦饭，脱险境：事见《世说新语·德行》。陈遗极孝顺，他母亲喜欢吃锅底的焦饭（锅巴），陈遗担任主簿时，总是收拾好一个口袋，每次煮饭，就把锅底的焦饭储存起来，等回到家里，送给母亲。后来遇上孙恩侵入吴郡，当天郡守袁山松就要出兵征讨。这时陈遗已经积攒到几斗锅底的焦饭，来不及回家，便带着焦饭随军出征。双方在沪渎开战，袁山松被孙恩打败了，军队溃散，逃入山林沼泽，没有什么可以用来充饥，饿死了很多人，而陈遗却靠锅底的焦饭活了下来，当时人们都认为这是对最孝顺父母的人的报答。

第8章 尊师

[师义]

尊师道，学风善，善之本，本在师；师心诚，为家国，育后代，树高风；呕心血，解疑惑，授道业，益终身[①]。

[师德]

做人梯，欢无悔；不索取，奋耕耘；烛泪尽，光不灭；做嫁衣，不图名；气不息，业不懈；守公门，敦高品[②]；立标杆，指路正。

[师情]

争朝夕，追卓越；退补过，进尽忠[③]；一日师，千日父，千日母，千日友；千日师，千日恩，一世情。

[师恩]

父母赐，肉躯体；严师铸，家国魂；玉不琢，不成器；人无师，艺难成；鲜花艳，园丁养；苗莫忘，雨露恩；桃李茂，春风度；再造命，胜双亲。

[尊师]

尊师长，畏而敬，承师风，报师恩，扬师德，守其心；言与行，务实真，执其经，明其义，恩牢记，当至亲。

【典故释义】

① 呕心血，解疑惑，授道业，益终身：语出唐韩愈《师说》：“古之学者必有师。师者，所以传道受业解惑也。” 意思是说老师是传授学业、解疑答难的人。

②守公门，敦高品：语出《资治通鉴·唐纪·武后久视元年》：“天下桃李，悉在公门矣。” 比喻学生很多，各地都有。

③退补过，进尽忠：语出《孝经·事君》：“君子之事上也，进思尽忠，退思补过，将顺其美，匡救其恶，故上下能相亲也。” 意思是在朝廷做官，就要忠心耿耿报效君主；辞官隐退后，就要反省自己，以弥补过失。这里引申为在学校执教，就要尽心教书育人；不在教学岗位上了，就要反省自己以补过失。

第9章 敬老

[孝老人]

新世界，人为本，孝老人，见丹心，勤护理，语温馨；敬老人，情而真，沏杯茶，唱支歌，益社会，顺民心。

[问老人]

想办事，问老人，经验丰，志坚定，见识广，阅历深，少失败，多成功；大小事，请老人，当顾问，决策准，理智高，得人心。

[让老人]

让老人，对与错，忍几分，少反驳，多倾听，慢语速，柔和应，勿气馁，莫生嗔，勿欺骗，信以用，开心事，送上门，善宽容，理疏通。

[养老人]

养老人，应热心，任劳怨，笑脸迎，饱和暖，时挂心，患疾病，适时诊，尽其力，献其心，不图利，不为名。

[悯老人]

悯老人，劳无力，步艰行，站不稳，眼滞神，体羸弱，身多病，牙脱落，食怕硬，哼不停，事健忘，负人情，躬诸君，广布恩，以己身，比彼心，沥肝胆，施义仁。

[帮老人]

爱老人，笑脸迎，勤握手，多叨唠，常接近；帮老人，净衣物，亮窗轩，谋安宁；护老人，见其行，视老者，如宝珍；活历史，振家声，礼仪待，莫嫌笨；大家见，让座位，当亲人，见有难，急解困。

[齐敬老]

老有为，圆其用；老喜乐，助所成；尽义务，成其美，维自尊；齐敬老，享天伦，家国安，福满门。

第10章 交友

[**交友意义**]

篱笆稳，桩多钉；大石稳，小石撑；筑长城，靠砖石；小梁稳，大梁正；人与人，搭好伙，结好果；讲义气，惜缘分，事易成。朋友多，事业兴，财富多，路路通；友要老，酒要陈。

[**何谓朋友**]

取其善，而辅仁，皆朋友；有往来，有交际，迭主宾[①]；孔圣人，和老子，互师友，无大小；恩格斯，倾家产，鼎力帮，马克思，著作成；以己儿，换友儿，老程婴，义薄云[②]。

[益者三友、远离十恶友]

交益友，曰友直，曰友谅，曰多闻；爱益友，曰畏友，曰诚友，曰智友[③]，如兄弟，共死生；不可交，势之友，利之友，色之友，赌之友，吃喝友，空泛友，虚伪友，懈怠友，是非友，恶行友，此十类，污浊身，勿接近，如贼船，上容易，下要命。

[交友五忍五责]

近朱者，色易赤，近墨者，色易黑；近病者，则易病；近仁者，则成仁；交朋友，慎之慎，情意合，五之忍[④]：忍其短，取特长，优兴趣；忍其戾，取刚直，优忠正；忍其罔，取潇洒，优飘逸；忍其浮，取优雅，优豁达；忍其滞，取憨厚，优德行。要坚持，五责任[⑤]：有恶事，而规劝，不再恶；有疾病，而助医，调养身；有隐私，而保密，防外露；有成就，而往来，互礼敬；有贫富，而不争，互帮撑。生生死，肝胆照，知报恩。

[交知己]

他山石，可攻玉[⑥]；行六德，晓六征[⑦]；志以合，结知音；君子交，淡若水，轻钱财，重友情；难中救，乐中贺，无怨悔；风雨共，学青松。

【典故释义】

①取其善，而辅仁，皆朋友；有往来，有交际，迭主宾：孔子提倡“择善而从”“以友辅仁”，意为结交朋友要有选择；孟子认为，朋友之间的

往来交际，要“迭为主宾”，平等而行，即轮流做主人，相互接待。

②以已儿，换友儿，老程婴，义薄云：事见《赵氏孤儿传》。

③交益友，曰友直，曰友谅，曰多闻；爱益友，曰畏友，曰诚友，曰智友：“友直、友谅、友多闻”与“畏友、诚友、智友”，既似相同，又有互补作用。敢于指出自己的过错，纠正自己的缺点的作风正派之友意为畏友；“言必信、信必行、行必果”而为人厚道稳重，促进自己向上之友意为诚友；比自己聪明睿智，多才多艺之友意为智友。这里告诫人们，要特别谨防“以势交者，势倾则绝；以利交者，利穷则散；以色交者，色衰则尽”。勿事虚于应酬空耗时日的泛泛空谈之友、吃喝玩乐庸俗之友、互相利用之友。

④五之忍：《温氏家训·节孝篇·交友》：“交朋友要欣赏对方长处，忍其短处，优化自己的兴趣；忍让对方戾气，学其刚直，优化自己的忠正；忍其罔气，学其潇洒，优化自己的乐观飘逸；忍其浮气，学其外表优雅，优化自己为人的豁达；忍其办事滞缓，学其老实本分，优化自己的德行。这是交友的诀窍。”

⑤五责任：《佛说·朋友五责任》：“朋友之间相处，彼此有五种责任。第一，彼此若是做了恶事，应当相互规劝，禁止再做恶事；第二，彼此若是有了疾病，应当相互探视照顾；第三，彼此若是知道对方隐私，不能向外人透露；第四，彼此相互赞叹尊敬，情投意合，不能为点小事而断往来，更不能记恨；第五，彼此若是贫富不等，不可相互诽谤。”

⑥他山石，可攻玉：《诗经》：“他山之石，可以攻玉。”意即以别人的长处补救自己的短处。

⑦行六德，晓六征：“六德”“六征”出自《周礼·地官·大司徒》。“六德”即“知、仁、圣、义、忠、和”；“六征”即观察人的六种方式，“观诚、考言、观声、观色、观隐、揆色”。

接物篇

第11章 破除迷信

[迷信之害]

古至今，有迷信，以宗教，做旗号，以鬼神，腐灵魂，以邪说，乱社会，以谬论，惑人心，以八字，测命运，以问卦，求吉凶，以风水，定祸福，以求签，断败成；此法术，无稽谈，无科学，无依据，不能信，恶结果，祸害人，奴役人，随其割，任其整，分分秒，恐惧中；人患病，不求医，只求神，误害命；大刀会，瞎念经，枪炮下，成灰烬；明嘉靖，求长生，吞丹丸，而短命；今世纪，末日论，以谎言，而告终；迷信说，障眼法，拒绝听，拒绝信，大胆破，断其根。行不正，富不仁，好风水，有何用？违法纪，逆父母，求好签，得好卦，有何用？劫人财，去布施，好命运，有何功？请国人，修善德，立好心，下决心，破迷信。

[坟山屋基难以信]

好坟山，好屋基，好风水，忽悠人，心不善，人不勤，岂可信？好坟山，若良田，田不种，野草生，骷髅骨，能作文？好屋基，若渠水，不管理，田裂缝，混凝土，长考分？百业兴，勤奋起，智慧用，奋自强，天地新。

[八字命运改变信]

八字命，改变信[①]，请问君，可博弈，到高顶？拼到位，不怨人；事而败，找原因，勿怪命，铭教训；事喜成，勿失态，惜缘分，慈悲行；从治命，不乱命；天作孽，犹可活，自作孽，活不成[②]；天地心，不可侮，人自欺，埋祸根；恶浊气，破五脏；作威福，祸来临[③]；人心好，命亦好；人心凶，命亦凶[④]；善与恶，出自心；心性灵，见于行；广积德，富命运；信科学，万事成；顺自然，喜随身；信迷信，抱虎困；善无忧，心平稳；怡悠然，乐安宁[⑤]；机遇到，应把握；成事天，谋事人；命好歹，善恶起；三分命，七分拼；勿以命，捆人生。

[求签问卦孰可信]

求神签，打问卦，孰可信？是是非，乱假真[⑥]；文句好，心花放，文句差，心结冰；问神卦，先问己，己不欲，勿施神；讨口气，何所用？木头雕，纸笔绘，拜何用？求富贵，求福寿，归之本，求良心。

[巫婆神汉不可信]

女巫婆，男神汉，恶道徒，黑教门，不可信[7]，煽阴风，装神鬼，闹消灾，挖祖坟，改大门，造谣言，乱国政，骗钱财，惑人心；心有鬼，鬼无数，心无鬼，鬼怕人；人迷鬼，鬼迷人，迷到底，被鬼吞；恫吓语，不要听，若发现，快报警。

[科学实践出真知]

以科学，以实践，破迷信，深挖根；学科学，明哲理，懂有为，知无为，深探究，谋发展，富家国，兴文明，倡和谐，享轻松。

【典故释义】

①八字命，改变信：葛洪《抱朴子》："我命在我不在天，故修道之人不言命也。"甘肃华夏易经研究院院长墨入源在《论命运》中说："命是先天的，运是后天的。命是人出生时所带的，而运则是人不断努力形成的。命运实际上是先天和后天的结合，也就是天道和人道的结合。"

②天作孽，犹可活，自作孽，活不成：语出《商书·太甲》，意思是说，命运不好通过善行奋斗积德，可由不好变好；命运好，如果作恶多端，可由好变坏。

③作威福，祸来临：语出唐《李虚中命书》："以庆为吉，庆弗吉；知凶远凶，凶败无。"意即"作威作福，反福为祸；知命畏命，转祸为福"。

④人心好，命亦好；人心凶，命亦凶：这是儒、释、道三教的"命自我作，福自我求"的人生总结。佛教大德高僧印光法师和历代祖师都说："命好心又好，富贵直到老；命好心不好，福变为祸兆；心好命不好，祸化为福报；心命俱不好，遭殃且贫夭；心好挽命运，首要存善道；命运造于心，

吉凶唯自招；信命不修心，灾难时时扰；修心改命运，天地自相保。”

⑤善无忧，心平稳；怡悠然，乐安宁：老子《道德经·易性》：“上善若水，水善利万物而不正；处众人之所恶，故几于道。居善地，心善渊，与善仁，言善信，正善治，事善能，动善时，夫唯不争，故无尤。”

⑥求神签，打问卦，孰可信？是是非，乱假真：清周安士《安士全书·劝占卜》：“病痛祸福，都是自作自受，不去为善，而求神祭祀，徒劳无益。”

⑦女巫婆，男神汉，恶道徒，黑教门，不可信：中国近代道教宗师陈撄宁在《中华仙学》中指出：“符咒祭炼，遣神役鬼，降妖捉怪，搬运变化，三跷五遁，障眼定身，拘蛇捕狐，种种奇怪法术，十分之九都是假的。”

第12章 崇尚科学

[科学义理]

科学义，重物质，之结构，之发展，之变化，之规律；以事实，而求是；以重人，管天地，之作用；不问卦，不求签，不唯心，不风水，不鬼神，不信命；知和行，二分法，而解释，大自然，社会史，衰与兴；讲主观，能动性；讲万物，之万象，败与成，之定数，之变数，无始终。

[崇尚科学]

日常事，见科学，荧光现，非鬼祟，磷光闪；日月食，乃地球，之自转，之公转，所形成，非天狗，而吐吞；指南针，磁场应；杂交稻，千次败，不妥协，袁隆平；四十年，记天气，著物候，竺可桢；兴科学，知唯物，二分法[①]，重辩证；获真知，勇实践，受挫折，勿灰心；吃一堑，长一智，功夫到，定成功。

［科学治国］

定天下，科学治，富民生，科学兴，拓改革，科学引，阉科学，故步封，受欺凌，家国穷；反科学，人类灭，苦海深；清末期，有慈禧，专特权，闭关隘，拒科学，八国军，洋枪炮，炸北京，无抵挡，国土失，赔白银。

【典故释义】

①知唯物，二分法，重辩证：二分法乃事物矛盾对立统一的辩证观。世上任何事物有好也有坏，只有相对的，没有绝对的。佛教提出“不生不灭不垢不净不增不减”的“不二法门”，亦是同样道理。

第13章 生态环保

[生态文明重要]

地球村，布生灵；无污染，宇宙明；天蔚蓝，万物茂；地翠绿，空气新；水清亮，鱼虾旺；环境雅，人寿丰。动植物，多样性，若破坏，损文明；请大众，手脚忙，莫伤命；猎禽兽，绝物种；毒水土，草木绝，人多病；高污染，高排放，逆气候，灾多生，祸无穷。

[爱护动植物]

为人者，爱生灵，绿色化，共枯荣；花草鲜，勿去摘；碧水清，莫搅混；绿环保，过滤器，为吐故，专纳新；鸟有语，兽有情，鱼有德，虫有性，人有仁，一家亲，互补利，互爱护，乐温馨。众植物，保土层，抗旱涝，美环境，调气温，制氧气，灭毒菌，挡风沙，防污染，抗风暴，富人民。众动物，多灵性，人爱他，他爱人，人毁他，他毁人；惜他命，惜己命，行慈悲，多放生；孟子贤，闻哀声，不进食[①]；秦西巴，违命令，放麑子，获奖品[②]；小黄雀，因得救，赠白玉，谢杨宝[③]；救白龟，二十年，知报恩[④]。护生态，讲平衡；失平衡，人遭难，全人类，难生存；人家园，唯地球，力保护，守之恒。

[践行低碳生活]

南极洲，高太空，臭氧层，破窟窿，张血口，要吞人；北冰洋，暖解冻，冰川化，瘟横行，天病了，地伤了，众生灵，何去从？强环保，治废气，污染物，严管紧。人之初，本低碳，天人合，四时应；今社会，人口多，图享乐，耗资源，犹过剩，滥开发，无控制，自害自，无止境，快抢救，快行动。住之所，简装修，勿豪华，多绿荫；一次杯，一次盒，一次筷，败资源，污环境，拒绝用； 废电池，勿乱扔；沼气池，太阳能，风力电，推广用；死动物，传染物，或掩埋，或火焚；出家门，自带杯，携餐具；用餐后，剩菜蔬，可打包，拎回用，残汤水，拒绝用；进商店，购物袋，带随身；膳与饮，纯天然，绿食品，多食用；一张纸，一度电，一杯水，节约用；一双鞋，一件衣，一澡巾，用到旧；一废纸，一废铁，一废瓶，一塑料，分类装，化腐朽，为宝珍，循环用；拾垃圾，文明行，优环境，持续用；种粮食，种蔬菜，毒农药，不要用；公交车，自行车，多坐乘；电器物，有辐射，耗能源，科学用；空调机，节制用。人从小，养习惯，节能源，惜资源，爱生态，爱绿化，爱造林，倡低碳，持节俭，生态佳，国兴隆。

【典故释义】

①孟子贤，闻哀声，不进食：孟子在世时，听到动物悲哀声，不忍进食，更不食荤。

②秦西巴，违命令，放麑子，获奖品：唐朝秦西巴，在作战中放走了一只麑子，本来违抗命令当斩，但带兵将领孟孙不斩，反而奖励。

③小黄雀，因得救，赠白玉，谢杨宝：唐朝杨宝进京赶考，途中见一黄雀被人抓住，脚上系有“蓬莱”字条，杨宝以一两纹银买下，放回蓬莱岛。杨宝得中状元回家祭祖，黄雀口衔四环白玉感谢杨宝。

④救白龟，二十年，知报恩：西晋毛宝12岁时将人手中白龟买下放回江中，22岁做官，32岁与石虎作战而败投江，被当年自己所救白龟驮上了岸。

勤学篇

第14章 读书

[读书六目的]

奋读书，强家国，益社会，乐大众，倡文明，促和谐，亮身心。

[读书十作用]

书于人，史化石，时代镜[①]，三味珍，进步梯[②]，富贵塔，智慧钥，航海灯，改运舵，治国宝，福人生。

[读书二十六秘诀]

万事成，首读书，树理想，知报恩：苦作舟，锥刺股；勤为径，棒磨针；以好学，而益智，而增才，而修身；扎硬寨，打死仗[③]；

心眼口，手到明；读书用，筛子眼[4]；挖潜力，铸实力，激活力，强能力，追赶超，前一名[5]；优学业，方法活，控时间，头绪清；长计划，短安排；听讲课，注意力，高集中；学课文，多动脑，善发问；意不懂，不耻问；课之前，有准备；课之后，写作业，当细心；不潦草，不敷衍，不作弊，不抄袭，不拖拉；作业回，看认真，若有错，查原因；学前面，记后面，有系统；学后面，记前面，如意通；编歌诀，记书头，当背诵，即背诵；基础题，不放松；典型题，下苦功；小难题，选择做，大难题，少用功；题做好，忙检查，防粗心；备四本，记认真：改错本，错题集，帮复习，长学问；笔记本，抓线索，知重点，攻难点，得要领；词汇本，衣袋装，不离身，记短语，类别分；素材本，摘文丛，觅佳句，写感悟，优作文。成长路，有见证。

［复习十六要］

时复习，温故新，防四失，扬其优[6]；勿贪多，勿寡闻，勿藐易，半途废；以例题，记定律；善归纳，条理清； 重理解，抓中心；有疑难，重互动；重课文，抓纲领；重提炼，究其根；以提要，而钩玄，制图表[7]；八面敌，多侧面，领会深[8]；平常心，而考试；严谨心，做学问；解答题，明主见；勿作弊，勿盲从；有进步，铭经验，勿骄傲；若失误，记教训，勿自卑；卧床后，深回忆，全天课，过电影。

［读书七鉴］

人一生，敬圣哲，惜书文，当之记，雨露恩；有益书，经常读，读而思，思而读，读出情，悟内容，读出魂，活以用；常反馈，化于心；万千书，百花园，欣赏之，是非分；常吐故，多纳新；智补拙，与时进。阅读书，非比赛，无功利，而享受，为快乐，而放松。

［破除读书无用论］

有谬论，人无用，书无用；睁眼瞎，苦一生；如马牛，同襟裾⑨；胸狭隘，人辱凌；是与非，善与恶，正与邪，难辨清；汉霍光，一家人，厌读书，遭杀尽⑩；宋徽宗，厌读史，做俘虏，国祚倾⑪。

［爱书二要］

书损坏，即修补，不乱画，勿乱扔；废旧书，勿糟蹋，善处理，售或焚，君子德，惜字文。

【典故释义】

①史化石，时代镜：语出高占祥《新三字经》："书是时代的镜子，历史的化石，知识的载体，人类文明的阶梯。"

②三味珍，进步梯：鲁迅幼时曾在三味书屋读书，墙上写着"读经味如稻粱，读史味如肴馔，诸子百家味如醯醢"。高尔基名言："书是人类进步的阶梯。"

③扎硬寨，打死仗：明朝理学家胡居仁读书法，即读一本书像安营扎寨一样死盯不放，不管困难多大，都要弄明白。

④读书用，筛子眼：意思是从小就要养成读书细致入微的习惯，一字一句分析研究的习惯，只有特别细致，笔头特别勤快，知识筛子的眼才会

越扎越小，知识才会不断丰富起来。

⑤追赶超，前一名：2001 年北京大学毕业生朱成同学长期坚持不懈地追求前一名。她从倒数一、二、三名，以每次追求比自己分数高的前一名为目标，很快成为班级的顺数前三、二、一名成绩的学生。后来以全额奖学金考进美国哈佛大学，并取得博士学位，当选为哈佛大学研究生总会主席。

⑥防四失，扬其优：语见《礼记·学记》：“学者有四失，教者必知之。人之学也，或失则多（贪多），或失则寡（孤陋寡闻），或失则易（轻视容易），或失则止（半途而废）。此四者，心之莫同也（各人学习态度不同）。知其心，然后能救其失也（帮助学生从心理上与习惯上纠正过失）。教也者，长善而救其失者也（教育就是要培养学生优点，纠正过失）。”

⑦以提要，而钩玄，制图表：唐代韩愈《进学解》：“记事者必提其要，纂言者必钩其玄。”意即读书复习，要善于把握书中各部分相关联的内容，再提出纲要，钩出精义，使之变成几张图表，便于复习、记忆、利用。

⑧八面敌，多侧面，领会深：宋代苏东坡“八面受敌读书法”，意即读一本书，要从各个不同角度去分析研究、归纳，步步深入，解决书中内外多元化问题而领略全体。

⑨如马牛，同襟居：语见《增广贤文》：“人不通古今，马牛同襟裾。”

⑩汉霍光，一家人，厌读书，遭杀尽：汉朝霍光，一介武夫，自恃是能征善战天下无敌大将军。自己不读书，也不要求家人读书。汉昭帝崩，他权倾朝野，自拥汉宣帝。其妻急于要做汉宣帝岳母，夫妇同谋汉宣帝生母许皇后，将其小女逼嫁汉宣帝。谋害未成，全家抄斩。班固在《汉书》中痛心评价霍光：“然光不学无术，暗于大理。”

⑪宋徽宗，厌读史，做俘虏，国祚倾：宋徽宗一生酷爱琴棋书画，厌读史书，荒疏国政，错用人臣，金人入侵，无能对付，做了俘虏，受尽迫害，惨死金人之手。

第15章 高中生学习

[高中生学习十二鉴]

读高中，竞争激，立目标，劳筋骨，健身心，朝气足，戒网瘾，调心态，正能量，晓事理，知错改，交益友，公私明，善恶分。

[学习十三原则]

尊师长，睦同学，守法规，拒浊流，能自制，善自救，会自理，明自觉，伐自傲，守自重，严自律，知荣辱，持自信。

[学习二十二秘诀]

铸形象，开好头；倒计时，天天数；成学业，方法活；勤为径，苦作舟；当日事，当日毕；不耻问，深探究；课听好，笔多记；时复习，牢基础；勿盲从，钻题海；有失误，立刻纠；重理解，强记忆；化解题，勿为奴；长计划，短安排；科学观，活以求；制图表，拟提纲；错题集，反思透；寻规律，自主学；合作学，创新学；高效学，相互促；扎硬寨，打死仗；比赶超，前一名；步步稳，信心足；厚之积，薄发收。

[戒四失、走出十误区、六要六忌、四注意]

戒四失：要革除，贪图多，寡之闻，轻容易，半途废。玩手机，十误区，坑害人：曰读图，忽视文，疏感悟，无收获[①]；曰碎片，靠手机，不动脑，获知识，致迷失，真问题，整体性，系统性，深刻性，无所从[②]；曰焦虑，而游离，一瞬间，难记忆[③]；曰功利，寻捷径，找平衡，得花絮，无所是[④]；曰反智，只浏览，不研究，只相信，不追问，挫能力[⑤]；曰虚无，认网络，为万能，视读书，而无用，贬价值[⑥]；曰流浪，多杂芜，欠真实，上当易[⑦]；曰狭隘，难商量，无主见，受压抑[⑧]；曰危险，迷手机，痴读屏，灾祸生[⑨]；曰伤害，人身体，肩周炎，颈椎炎，近视眼，电辐射，夺寿命[⑩]。平常心，而做卷，六大忌，六之要，牢记心：要谨慎，忌粗心；要自信，忌怯场；要先易，而后难，忌盲目；要知难，而勇进，忌畏缩；要冷静，而把稳，忌烦躁；要坚持，至最后，忌好胜。读书用，筛子眼；努力戒，杀书头；发恒心，沉潜泳[⑪]；好习惯，终生行。

【典故释义】

①曰读书，忽视文，疏感悟，无收获：意即读图过于追求美轮美奂图片化而忽视文字的抒情叙述评论的魅力作用，不能享受阅读乐趣，无法得到真正感悟与思考的收获。

②曰碎片，靠手机，不动脑，获知识，致迷失，真问题，整体性，系统性，深刻性，无所从：碎片化阅读即伴随移动终端出现的阅读方法。我们需要什么，就在手机电脑里找什么，不需要动多少脑筋。仅以零碎敲打的投机取巧方法和手段，就能获得知识，胡编乱造，放下手机毫无印象，一无所获。魂神离舍地迷失问题的本质及其整体性、系统性、深刻性，而无所适从。

③曰焦虑，而游离，一瞬间，难记忆：如今书多，每年递增，选择是最大难题。古今中外所有的图书基本输在手机上、电脑里，很容易让我们从亿万册书中游离而无法记忆。

④曰功利，寻捷径，找平衡，得花絮，无所是：这是一种功利主义和实用主义混合操作之法。这种做法，时时斤斤计较"投入与产出"的平衡，其结果只得到花絮，无所是实。

⑤曰反智，只浏览，不研究，只相信，不追问，挫能力：当今社会真正读书的人越来越少，读屏的人越来越多。世间万事万物，手机屏面中应有尽有，一查便知。堪舆风水学盛行，心灵鸡汤升温，伪科学一个接一个，其共同处是"只浏览，不研究，只相信，不追问"，简单战胜复杂，休闲消遣成了生活的主流。这种行为严重挫伤了思考和办事能力，导致许多说法千篇一律。

⑥曰虚无，认网络，为万能，视读书，而无用，贬价值：现在越来越多的人认为网络是万能的，认为读书的价值远远比不上快速通达的网络价值，不懂读书的意义和价值及其在传承体系中所具有的特殊性、历史性、实践性、功能性。支撑人的伟大壮丽的人生观、价值观、道德观、世界观

日益下滑。这种读书无用论的虚无主义，若不彻底铲除，中华民族复兴将成为空谈。

⑦曰流浪，多杂芜，欠真实，上当易：当今网络文化酸甜苦辣咸，五味俱全，杂乱无章，珠宝不少，杂草更多，扰得人们眼花缭乱，不知所措，真假难分，容易上当。

⑧曰狭隘，难商量，无主见，受压抑：虚拟网络世界，虽藏古今中外、宇宙内外广阔天地，但也纷繁杂乱，不外乎一指点键才能得一信息，没有主观和客观商量的余地，稍纵即逝，给人一种无奈压抑的感觉。

⑨曰危险，迷手机，痴读屏，灾祸生：据多家媒体报道，不少人走路、开车时读屏，车祸丧生，办事失误，笑话连篇，这种过激行为成风，当以戒之。

⑩曰伤害，人身体，肩周炎，颈椎炎，近视眼，电辐射，夺寿命：长时间玩手机、玩电脑对身体只是摧残，没有好处，不容忽视。

⑪努力戒，杀书头；发恒心，沉潜泳：我们读书要养成持之以恒的好习惯，要深入书中的每个章节，每个字句，像潜入水底的鱼儿一样自在游泳，把握书的全部内容。现代国学大师黄侃批评许多人读书，只看开头几段几页，后面就不读了。这好比把一本书的头给砍掉了，我们一定要克服这种浅尝辄止的坏习惯。

第16章 大学生当学会赢

[自重]

大学生，家国宝，日月星，时代龙，大厦梁，高山松，火车头，立交桥，海舰艇，当自信，当自强，当自重。

[十善]

善学习，善做人，善谦恭，善自制，善和谐，善交友，善自律，善明志，善奉献，善报恩。

[十止]

止邪恶，止妄语，止暴力，止散乱，止懈怠，止骄奢，止淫逸，止违法，止欺诈，止内讧。

［十讲］

讲诚信，讲文明，讲信仰，讲风格，讲平等，讲民主，讲骨气，讲仁爱，讲科学，讲卫生。

［十拒］

拒肥私，拒损公，拒自弃，拒轻生，拒钓誉，拒沽名，拒霸道，拒忘本，拒缺德，拒浊尘。

［十强］

强能力，强信息，强实践，强交际，强人缘，强素质，强心态，强健康，强意志，强前程。

［学会赢］

明大道，塑形象，追卓越，重价值，壮青春，闯世界，担天地，稳步进，向光明，学会赢。

中卷 公民道德三字经

社会公德篇

第17章 爱国

[**中国地大物博**]

我中华，地球东，雄鸡形，东方龙；一脉传，炎黄孙；民族多，归一统；人口多，团结紧；豪杰多，炳千古；名胜多，密如林；资源多，物产丰；地辽阔，美风景；四大河，流大海；四大海，千里境；三高原，亘西域；四平原，纵绵东；气候佳，四季明；生态优，宜生存；文明史，五千春；四发明，传古今；儒释道，兴善德；四时吉，风雅颂；全世界，千第一，之发明，中国有，一百零[1]。

[**改革开放面貌新**]

今改革，大开放，雄狮吼，龙飞腾；入世贸，办奥运，世博会，国威震；嫦娥号，游太空；航母舰，领创新；抓机遇，迎挑战，促发展，中国梦，全民族，大复兴。

［家国牢不可分］

民族利，高一切，国兴衰，命以共；国和家，如大厦，梁与柱，国之本，砖与墙，家之根，梁柱倒，砖墙崩，砖墙损，梁柱倾；国是山，家是树，山无树，土石崩，树无山，难以存，家与国，不可分。爱国家，爱国旗，爱国徽，爱国币，献丹心；红国旗，壮士命，血染成；大五星，乃北斗，亦北京；小五星，拱北斗，向北京；全世界，华夏人，团结紧，奋复兴。金国徽，五星照，天安门；周围绕，稻麦穗，连齿轮；工与农，大联盟，筑长城，稳江山，保乾坤；国币面，美图案，有国号，有国徽，有图像，领袖像，英模像，名胜图，古迹图，一国家，之象征；不能污，不能划，不能撕，不能毁，不能踩，不能扔，视珍宝，如命根；一分钱，一角钱，一元钱，见于地，即拾起，视为荣，爱国行②，有违法，追责任。

［爱国不分先与后、富与贫］

华夏人，祖同根，血浓水，共基因，黄皮肤，黑头发，黑眼睛，骨连肉，筋连筋，天南北，地西东，共一脉，身同等，姓同宗，贫于斯，富于斯，爱国家，无先后，一家亲，守一统，永传承，情至真。

[**古今爱国典范**]

良知者，爱国荣；是君子，有精神，有骨气，情愿痛，被撕碎，绝不能，被打倒，树有皮，人有尊。楚屈原，国之魂，投汨罗，留芳魂；文天祥，留丹心；助抗日，陈嘉庚；扬国威，华罗庚，李四光，钱学森；拼夺冠，邓亚萍；兴公德，学雷锋；上太空，杨利伟；翟志刚，走太空；浩然气，凛乾坤；爱祖国，爱家乡，念忧乐，不二心。

【典故释义】

①全世界，千第一，之发明，中国有，一百零：语见美国大学者李瑟约内琴所著《世界文明史·中国篇》。

②一分钱，一角钱，一元钱，见于地，即拾起，视为荣，爱国行：二十世纪七八十年代，中国流行至今的经典儿歌《一分钱》：“我在马路边，捡到一分钱，把它交给警察叔叔手里边。叔叔拿着钱，对我把头点，我高兴地说了声，叔叔再见！”这种爱护国币和拾金不昧的高尚风格，我们世代当以传承发扬。

第18章 诚信

[诚信三贵]

是人类，皆守信，信真诚，诚于心，心无碍，容天地，宇宙明；而于物，动植物，互信任，互相亲；而于人，万物灵，修大德，诚守信，喻青松，傲酷暑，耐寒冬，经风雨，布绿荫。

[诚信六义]

中国人，炎黄孙，大丈夫，好汉当，一句话，一山脉，一个字，一座峰；一言出，皆九鼎；一诺言，重万斤；话落实，铿锵响，两肋刀，义薄云；能截铁，能斩钉；语出口，百匹马，拉不动。

[诚信十知]

诚信金，诚信银，金不纯，碍人眼，金若纯，价连城；人不诚，乱假真，如糟糠；人无信，四面敌，灾祸生；卖假药，贩劣货，害他命，损已命；当面人，背后鬼，谎识破，变仇人；挂羊头，卖狗肉，两面派，自掘坟；做假账，立坏账，做破账，一阵风，他揭秘，葬火坑；一人事，一人当，有问题，勿祸人；事能成，劳日夜，办成功；事难成，勿应允，办不到，莫说行；千金价，当粪土，买不动，君子德，诚信心。

[诚信八注意]

做工程，办企业，签合同，信誉诚，质为本，可生存；若偷工，若减料，刀割肉，何忍心？事若发，九死生；干工作，忙学习，要踏实；不急功，不近利，循序进；上下级，互诚信，国威震；老百姓，互诚信，人寿丰；无诚信，千夫指；有诚信，友如云，患难共，替死生。

[诚信四典范]

秦商鞅，城立木，奖十金，人搬动，即兑现，国人惊，变法成①；古蔡磷，借千金，还晚辈，而守信②；沪徐虎，修水电，十多年，不失信③；北京市，同仁堂， 诚为本，质为命，大掌柜，药不真，请罪死；二掌柜，牛黄丸，有渣粉，全毁尽，三百年，招牌硬④。

【典故释义】

①秦商鞅，城立木，奖十金，人搬动，即兑现，国人惊，变法成：战国时，秦国宰相商鞅在变法前，命人在都城南门立了一根粗大的木头，宣布谁能将木头扛到北门，赏十金，但无人相信，商鞅即把奖赏提到五十金，这时有位壮汉将木扛到北门，果真拿到五十金。此事传开，大家相信，商鞅变法成功。

②古蔡磷，借千金，还晚辈，而守信：事出《清稗类钞·敬信类》。一天蔡磷送一千两白银给已故朋友的儿子，被拒收。蔡磷说："凭证在心不在纸。因为你父亲知我守信，结为知己，不要我写借条，也未对你说。请你一定要收下。"

③沪徐虎，修水电，十多年，不失信：徐虎，男，1950年生，全国劳动模范。上海普陀区中山北路房管所修理工，十多年不分节假日，坚持每晚19点钟为居民修理水电，从不失信于用户。

④北京市，同仁堂，诚为本，质为命，大掌柜，药不真，请罪死；二掌柜，牛黄丸，有渣粉，全毁尽，三百年，招牌硬：北京乐氏同仁堂药店三百多年来，坚持"诚信为本，质量为命"。该店初期大掌柜没有把好质量关，药不真，主动请罪而死；后来二掌柜负责制牛黄清心丸，管家二爷发现有点细微药渣，随即砸去箩筛、模具等全套设备，立即销毁全部不合格的牛黄清心丸，重新整顿店风，生产优质产品。"品味虽贵，必不敢减物力，炮制虽繁，必不敢省人工"的招牌，至今光彩夺目。

第19章 宽忍

[不忍百祸生]

忍于心，一把刀；小不忍，乱大谋；千灾消，忍忍忍，冤家尽，饶饶饶；言不忍，惹祸苗；酒不忍，遭屠刀；色不忍，江山倒；周公瑾，气难忍，吐血死，命早夭[①]；楚霸王，势不忍，刎乌江，万众嘲[②]。为人者，大丈夫，能屈伸，能输赢，能大小，守其道，立标杆，直到老。

[百忍百事成]

为人者，学会忍；善养心，乐修身；戒骄躁，走大道；忍生慧，励心志；君子泰，而不骄[③]；浩然气，于善忍[④]；大智忍，出奇招[⑤]；任重远，忍者胜；制怒忍，百忧消；齿刚折，舌柔存，柔必胜，刚必骄[6]；小狱吏，尿寒灰，刺史忍，谋和好[7]；诬陈重，拿衣裤，不申辩，买一条[8]；七品官，劝改过，以赠布，放贼盗[9]；大鹏忍，蝉雀笑，当享受，遨云霄[10]；马鞍坏，不加罪[11]，学愚忍，是非少；大舜耕，劳能忍[12]，百姓爱，江山牢；吕尚忍，渭水钓，百多年，保周朝[13]；韩琦忍，负心人，不结怨，为其好[14]；勾践忍，尝苦胆，吞灭吴，雪耻昭[15]；范雎忍，佯装死，抛厕所，封侯早[16]；韩信忍，钻胯下，贤报怨，结知交[17]；张良忍，取双履，得天书，发迹早[18]；汉刘宽，污汤忍，关爱人，树情操[19]；释慧可，断臂忍，雪染红，道悟高[20]；张廷玉，六尺巷，官让民，风格高[21]；邓公忍，富中国，三起落，称天骄[22]。

［百忍百吉祥］

古贤忍，千千万，成其功，忍上熬；欲办事，首学忍，辱负重，稳过桥；当官忍，纳百言，于他人，以善道，于自己，勤洗脑，拒骄奢，忌仗势，禁自夸，不弄权，鹏程远，祸不招；百姓忍，不招凶，人敬重，多欢笑；农民忍，致富快，瘠土沃，长金苗；学艺忍，技术精，家家事，请君包；经商忍，保质量，不欺骗，利润高；穷人忍，宏图起，春风助，人撑腰；富人忍，财能守，无忧患，风雨调；小孩忍，身健康，不挨打，不哭闹；学生忍，进步快，学有成，列前茅；师生忍，相互促，喜报多，震云霄；亲友忍，常来往，互照顾，有依靠；全家忍，人财旺，同心干，步步高；老人忍，儿孙孝，乐自在，福寿高；婆媳忍，欢笑多，四时吉，乐逍遥；弟兄忍，家兴旺，互敬让，人抬高；夫妻忍，幸福多，互理解，同到老；妯娌忍，心志合，情切切，糖水泡；

姑嫂忍，当宾客，热乎乎，人不老。为邻居，宽恕忍，互见谅，树情操；交朋友，掏心忍，出问题，有人保；酗酒后，咬牙忍，免犯错，出蹊跷；男女间，戒备忍，真情隐，无烦恼；缄口忍，少是非，老少爱，众道好；务工者，礼貌忍，众人爱，发迹早；创业者，艰辛忍，财源广，天地高；文化人，谦恭忍，撑大厦，万众朝；囚徒者，苦心忍，早出狱，挺直腰；见钱财，揪心忍，传清白，儿孙好；忠实人，欢乐忍，福寿增，多财宝；众老板，诚信忍，见烈火，不怕烧；遇冤家，解结忍，释冰川，春不老。

[百忍百世昌]

人一生，正气忍，拼自强，勿自暴；全人类，齐心忍，修大德，筑其墙，铸其剑，防战争，防恐怖，防霸道，尽其善，谋和好；建乐园，奔大同，心心照。

【典故释义】

①周公瑾，不能忍，吐血死，命早夭：事见元末明初罗贯中《三国演义》第五十六回“孔明三气周公瑾”，周瑜心胸狭隘，受诸葛亮之气吐血而亡。

②楚霸王，难以忍，刎乌江，万众嘲：事见《史记·项羽本纪》。秦王朝被推翻后，项羽和刘邦为争夺帝位，进行了数年战争，项羽由强大转为弱小，最后被刘邦的军队包围，逃到乌江边，觉得无颜面见江东父老，被迫自刎身亡。

③君子泰，而不骄：语出《论语·子路》：“君子泰而不骄。”意思是君子平和大方而不骄恣。

④浩然气，于善忍：语见《孟子·公孙丑上》：“我知言，我善养吾浩

然之气。”意思是说我能理解别人言辞中表现出来的情志趣向，我善于培养我拥有的浩然之气。

⑤大智忍，出奇招：事见谭树辉《岳飞传》（江西美术出版社，2009年）。南宋大臣王佐为探敌方军情而断臂示诚，施反间计，骗取敌人信任，战局由败转胜。

⑥齿刚折，舌柔存，柔必胜，刚必骄：事见元代吴亮《忍经·圣人劝诫》（三秦出版社，2008年）。孔子诫子路曰：“齿刚则折，舌柔则存，柔必胜刚，弱必胜强。好斗必伤，好勇必亡，百行之本，忍之为上。”意思是牙齿刚硬就容易折断，舌头柔软才能完好保存；柔一定能胜过刚，弱小最终能战胜强大；好斗一定会受到伤害，好勇一定会导致灭亡；百行的根本是忍让为先。

⑦小狱吏，尿寒灰，刺史忍，谋和好：事见《史记·韩长孺列传》。韩安国为梁内史，坐法狱中，受狱吏田甲侮辱。安国曰：“寒灰有燃否？”田甲曰：“寒灰燃，我即尿其上。”不久，安国出狱任凉州刺史，田甲惊走。安国曰：“若走，九族诛之；不走，赦罪。”封田甲廷尉之官，终生和好。

⑧诬陈重，拿衣裤，不申辩，买一条：事见元代吴亮《忍经·诬裤》。陈重同宿舍的一位好友回家去，误拿他人一条裤子，裤子主人疑是陈重偷拿，陈重不辩，买条裤子给他，求与其和好。

⑨七品官，劝改过，以赠布，放贼盗：事见元代吴亮《忍经·释盗遗布》。宋代，太丘县令陈寔，有一天发现一小偷伏梁欲窃，即喊已儿训话：“不好之人，不一定生性如此，乃是习惯养成。梁上之人如此也。”梁上小偷立即跳下跪着认罪。陈寔曰：“从外貌看，你不是恶人，可能由贫困造成。”遂赠布两匹，教其改正，从此不偷。

⑩大鹏忍，蝉雀笑，当享受，遨云雷：语见《庄子·逍遥游》：“鹏之徙于南冥也，水击三千里，抟扶摇而上者九万里。”此举遭到蝉和灰雀的讥笑。意即一个大智大勇的人遭到世俗偏见的讥笑应当其是一种快乐和

享受。

⑪马鞍坏，不加罪：典见《资治通鉴·唐纪·唐高宗永淳元年》：“行俭尝命左右取犀角、麝香而失之。又敕赐马及鞍，令史辄驰骤，马倒，鞍破。二人皆逃去，行俭使人召还，谓曰：‘尔曹皆误耳，何相轻之甚邪！’待之如故。”意思是说唐裴行俭得到皇帝赏赐的马和鞍，他的下属偷骑，马跌伤，鞍损坏，下属惊吓逃跑，裴立即派人找回下属曰：“不处罚。”

⑫大舜耕，劳能忍：相传上古舜帝为民时，曾躬耕于历山之下，故有“大舜忍躬耕之劳”。

⑬吕尚忍，渭水钓，百多年，保周朝：吕尚，即商周时期杰出的政治家、军事家姜子牙，大半生在穷困潦倒中度过，终日在江边钓鱼。吕尚钓鱼是假，实则是借垂钓之名来观望时局，等待周文王的赏识，使自己的才华得以施展。故其钓鱼用直钩且不放鱼饵，别人问其缘由，他说“愿者上钩”。

⑭韩琦忍，负心人，不结怨，为其好：宋韩琦官封魏国公，清正廉明，时有负义小人陷害，他从不怨恨对方。

⑮勾践忍，尝苦胆，吞灭吴，雪耻昭：典见《史记·越王勾践世家》。勾践是春秋末越国国君，姓姒，名勾践。曾败于吴，屈服求和。后卧薪尝胆，发愤图强，终使越国成强国。公元前473年灭吴。

⑯范雎忍，佯装死，抛厕所，封侯早：典参见元许名奎《劝忍百箴·辱之忍第二十三》（三秦出版社，2008年）。春秋战国时期，著名谋士范雎因酗酒被人用席子裹着，抛进厕所，后来被封为应侯。

⑰韩信忍，钻胯下，贤报怨，结知交：典见元吴亮《忍经·出胯下》。西汉，韩信佩剑入市，遇一少年辱之曰：“君带剑，可杀人乎？若能杀人，可杀我也。若不能杀人，从我胯下过。”韩信从之。后来韩信事刘邦拜大将军，专将那少年请到，封一官职，结为知交。以钻胯下之耻励志，以贤报怨只有韩信能做到。

⑱张良忍，取双履，得天书，发迹早：典见元吴亮《忍经·圯上取履》。西汉张良早年逃亡下邳桥上游玩，一位身着粗布衣的老人把鞋扔到桥下，要张良下桥去取，张取之并给其穿上。老人曰："孺子可教也，我有天书赐你，日后定有大用。"小事明得大福报，谦让之德从小事做起。

⑲汉刘宽，污汤忍，关爱人，树情操：典见元吴亮《忍经·羹污朝衣》。汉代刘宽仁爱，德高朝野。妻暗示女仆端汤，故意泼洒到刘宽朝服上，刘宽不怒反温和地对女仆说："可烫手乎？"

⑳释慧可，断臂忍，雪染红，道悟高：典见《六祖坛经》。南北朝梁武帝时期，印度达摩祖师来中国传承佛教，创建禅宗道场少林寺。卓锡司空山的神光大师（即后来慧可师）得知，千里徒步赴少林寺拜达摩为师，时值冰天雪地，达摩祖师曰："天降红雪收你为徒。"神光大师立即砍断自己左臂，鲜血染红雪地，感动达摩祖师，即收为徒，还原其左臂，取法号慧可，当下悟道，成为中国禅宗初祖大师。

㉑张廷玉，六尺巷，官让民，风格高：据《桐城县志》记载，清代礼部尚书张廷玉的老家与邻居吴家争夺宅基，谁也不肯相让。家人飞书京城，要张廷玉打招呼"摆平"吴家。张廷玉作诗一首："千里家书只为墙，让他三尺又何妨。长城万里今犹在，不见当年秦始皇。"交给来人，命快速带回老家。家里人见信即将垣墙拆让三尺，宰相一家的忍让行为感动了吴家也把围墙向后退让三尺。从此两家的院墙之间留有一条宽六尺的巷子保存至今。

㉒邓公忍，富中国，三起落，称天骄：邓小平一生三起三落，以 73 岁的高龄又一次复出，将中国推上通往繁荣和富强的快车道。从"不管白猫黑猫，抓住老鼠就是好猫"，到"发展是硬道理"和"致富光荣"，邓小平以非凡的政治智慧和务实精神改变了亿万中国人的命运。

第20章 扶老助弱

（一）扶老助弱

[扶老助弱五知行]

人有小，亦有老；病死苦，变无穷；人旦夕，有祸福；天难测，风和云；或天灾，或体残，或患病，或痴聋，莫耻笑，勿欺凌。

[扶老助弱十三要求]

新社会，制度优，人为本，讲文明；众百姓，同天地，共一统；当互爱，兴互敬，送温馨；幸福路，缘共享；遇坎坷，结同心；乘车船，携老弱，笑让座；步行时，长幼序，让前行；老人训，恭敬听，若生气，忍一忍，握握手，施义仁，若摔倒，搀扶起，送医院，及时诊；见孕妇，见幼婴，当亲人，细关心；小孩吵，把歌咏，讲故事，奖代惩；见残者，热情帮，慰其心；人重负，相怜悯，扛一程；多换位，而思考，尽义仁。

[扶老助弱五认知]

扶老弱，不谋利；乐自己，先助人；己有难，人解困；新风尚，当践行；炎黄孙，好传统，好习惯，永继承！

（二）慈善救助

[慈善救助十注意]

慈善者，义举行；雪中炭，旱甘霖；不自居，救世主；平等心，而助人；没有人，是孤岛；予他人，以自尊；于自己，平常人；将己心，比彼心；化不幸，为有幸；强家国，做后盾；励良心，而善行。

[慈善救助三典范]

晏阳初[①]，为平民，而教育，农民化，苦力撑；张平宜[②]，跨海峡，为孤儿，改命运，办教育，麻风村；阿里木[③]，烤羊肉，助学子，十多春。

[慈善救助八风格]

无名善，暖三冬；无字碑，驾彩虹；无求报，无暴力[④]，无自傲，无自矜，无怨悔，无苟营。

[慈善救助正能量]

慈善行，广纳贤，积资本，挖潜力，铸实力，担大任，救助人，急其急，心连心，成人美，壮前程。

[受助者感恩]

受助者，勿懈怠，咸自重，以救助，为动力，奋自强，为社会，为人民，为国家，多立功。

【典故释义】

①晏阳初：中国平民教育运动之父，教育家、慈善家。他将全部积蓄和家产捐赠给平民教育事业。核心思想九个字：“欲化农民，必先农民化。”

②张平宜：台湾女士，来大陆创建“麻风村孤儿学校”，2012年“感动中国十大人物”之一。

③阿里木：2012年“感动中国十大人物”之一。烤羊肉的爱心巴郎，他数年如一日将烤羊肉串的全部收入捐给贫困大学生，自己却过着艰苦生活。

④无暴力：暴力慈善以慈善之实，漠视受助者尊严，而极力标榜自己的善行，使受助者无法接受。

第21章 中国梦

（一）美梦成真

[**大自然之梦**]

草之梦，绿平原；树之梦，撑地天；鸟之梦，高飞远；羊之梦，嫩草鲜；虫之梦，无天敌；石之梦，砌坝堰；火柴梦，亮黑夜；海之梦，载舰船；山水梦，无污染；月亮梦，朗人间；太阳梦，亮广宇；地球梦，人心善。

[**民之梦**]

民之梦，风雨顺；官之梦，得福缘；夫妻梦，偕白头；父母梦，儿女贤；教师梦，桃李秀；学生梦，喜讯传。

[科学梦]

科技梦，人飞天；游宇宙，有飞船；探星球，钻深海；想所想，遂人愿；我中华，美梦多，全实现。

[古人梦]

尧之天，舜之日；禹之谦，周之易；孔孟篇，道德篇，诸百家，花争艳；嬴政梦，施变法，三统一，长城延；刘邦梦，法三章，戒疑心，得江山；李世民，纳百言，贞观治，盛世传；宋仁宗，德治心，法治本，孝治人，小康见；朱元璋，奖农耕，俭养廉，深挖洞，国安全。

[现代梦]

孙文梦，废帝制，重三民，共和建；毛泽东，马列梦，联工农，举红旗，奔共产；邓小平，改革梦，国两制，穷变富，换新颜；江泽民，承遗愿，收港澳，稳局面；胡锦涛，科学观，荣辱观，拓开放，济民生，扶民权，国鼎盛，世界前；习近平，法治严，励实干，兴特色，勇攻坚，现代化，促文明，谋和谐，顾统一，倡民主，建乐园。

[国人齐心实现中国梦]

炎黄裔，抱紧拳，肩并肩，阔步掀，大胆干，亮广宇，明价值，壮大道，扬高远，优生存，观自在，宏大愿，创奇迹，争分秒，志复兴，中国梦，苟日新，日日新，又日新[1]，铺画卷。

（二）脚踏实地 仰望星空

若是人，有人样，头顶天，高无尚，清玉宇，星空灿；脚踏地，坚而实，立山岗；左脚父，右脚母，行住立，刚而直，当自强；左手善，右手恶，善恶分，心善良；左眼日，右眼月，日月明，照世界，日夜亮；左耳国，右耳家，鼻宝鼎，管一统；人中命，口田庄，奋进取，五脏王，肩担当，筑城墙；脑司令，管全身，发号令，报恩忙。人有志，勿猖狂，办事业，利于善，小善起，一个个，向上叠，无大小，无公私，无生死，无恐怖，无挂碍，无短长，自显发，带团队，人称王；成王者，勿称霸，勿张扬，更谨慎，更自控，更清廉，更诚信，更魅力，赢三才[2]，载史册，而褒扬。战国时，四君子[3]，曰孟尝，曰平原，曰春申，曰信陵，以其德，理国策，数代强；诸葛亮，收孟获，七次擒，七次放，得良将；红苹果，落地上，小牛顿，日夜想，引力论，宇宙纲；雷达线，蜘蛛网，测万邦；雷电闪，正负极，而碰撞，爆发光，送光明，送信息，送网络，于人类，而共享；发明者，少数人，年少时，大笨蛋。天下人，众男女，能坚持，好信仰，好理想，稳步上，重小事，成大事，见齐心，向核心，圆美满，写辉煌。

【典故释义】

①苟日新，日日新，又日新：语见《礼记·大学》。

②赢三才：南宋王应麟著《人之初》："三才者，天地人。"

③四君子：孟尝君、平原君、春申君、信陵君。

第22章 中国传统节日

中国节，意浓浓，泼水节，火把节，开斋节，腊八节，新春节，元宵节，清明节，端午节，中秋节，重阳节，祖宗立，当继承。水泼身，喜重重。举火把，驱邪神。乐开斋，解百禁，福盈门。腊八粥，敬佛祖，消灾难，延寿命；迎春节，廿多天，玩乐足，凝积聚，精气神；立春日，大如年，松柏枝，三茶酒，五谷祭，香纸焚；腊廿三，扫污尘，整家室，洁家容，清环境；腊廿四，上坟山，作腊祀，振家声，蒸挂面，煮红枣，打年糕，斟米酒，敬灶神，上天去，呈好事，回人间，送好运；腊廿五，打豆腐，捞豆皮，炸生条，压千张，驱贫困；腊廿六，串乡邻，债收清，债还清，讲信用，谢亲朋；腊廿七，发米粑，蒸大团，炒瓜子，煮花生，接财神；腊廿八，宰猪羊，杀鸡鸭；男和女，老和少，洗邋遢，净身见，年菩萨；腊廿九，备礼品，备年糕，纳余庆；

年三十，贴红联，挂字画，插彩旗，系红灯，包饺子，穿新衣，拜神明，燃喜炮，亮天地，架彩虹；年夜饭，话开心，互祝福，红包送；小孩童，提灯笼，大人领，燃小炮，边唱歌，边跳舞，串东门，走西门；年初一，黎明起，出天方，喜炮响，节点密，齐开启，鸿运通；有计划，安排好，每一天，吉祥行；陪亲属，陪恩师，陪同学，励上进；邀好友，来自家，而做客，谈理想，取真经；带家人，外出玩，吐吐气，纳纳新；陪孩子，玩游戏，建友谊，奖成功；陪夫妻，沏沏茶，洗洗衣，做做饭，交交心；与家人，多坐坐，品点心，看电视，读书报，评国政，论古今；关手机，听长辈，听同辈，听晚辈，吐真情，一年来，高兴事，烦心事，而纠结，畅沟通。元宵节，全家人，比才艺，吃元宵，猜灯谜。清明节，祭祖坟，插鲜花，挂新标，寄哀思，不离弃。端午节，包粽子，划龙舟，吊屈原，爱国家，不忘耻。中秋节，大团聚，赏月圆，品月桂，吃月饼，尝新粟，天地约，秉契机，举旗帜。重阳节，去登高，陪老人，吟首诗。十大节，十传统，十节序，十意义，十眷恋，悦心仪。

职业道德篇

第23章 公务员

[十五诫]

公务员，服务民，学人民，忠于民，敬畏民，爱人民，为主人，为靠山，为亲人，为老师，为英雄，为母亲，为历史，创造者，甘苦共，做知心。

[十二原则]

以富强，为桥梁；以民主，为杠杆；以文明，为旗帜；以和谐，为车轮；以自由，为轴承；以平等，为尺度；以公正，为灯塔；以法治，为金盾；以爱国，为星座；以敬业，为火炬；以诚信，为宝鼎；以友善，为钥匙。

[十四秘诀]

廉生威，公生明[1]，忍律干，刚柔济，屈伸进，隐藏深：首学廉[2]，廉从俭，俭而谦，谦俭善，善之根，根粗壮，载物重；次学公，公私明，天地秤，以良心，作砝码，请日月，而作证，见清贫；三学忍，打倒己，纳百言，事民主，低之调，学做人，团结人，善待人，感动人，化魔鬼，做友朋，不屈从，正其道，治其人；四学律，精法规，先律己，后律人，强制度，无疏亲；五学干，十指头，弹钢琴，巧用功，虎步行，不黑心，埋头干，真实干，高效干，步步营；六学刚，有魅力，有魄力，灵号令，妙招精，留余地，防退进，不乱权，明用印；七学柔，善读书，顾远近，勤调研，广纳贤，结知心；八学济，明是非，辨善恶，赏罚清，旗帜明；九学屈，知荣辱，知错改，知时务，知人难，知自明；十学伸，方向明，挖潜力，铸实力，掌舵稳，齐家国，退补过，进尽忠；十一进，上班时，守纪律，严而紧，科学观，当明灯，与时进，戒骄躁，不虚荣；十二隐，不激动，忌利名，常自省，成败后，记其经，铸形象，正能量，积资本；十三藏，十三心，慈悲心，喜拾心，良善心，正义心，廉洁心，谦卑心，宽容心，诚信心，好学心，严谨心，见齐心，向核心，统一心；十四深，礼下宾，亲百姓，同忧乐，万众钦，担天地，无尚荣。

[四十纲领]

公务员，服务民，尽职责，勤于政，爱祖国，遵法规，贤明礼，施诚信，睦团队，行友善，守机密，听命令，爱群众，倡监督，厉克己，廉奉公，拼自强，任劳怨，厚积德，悯百姓，能于琢，高效率，勤于工，高认真，绩于奋，高效益，规范化，高标准；讲思想，有信念；讲规矩，守纪律；讲道德，有品行；讲奉献，有作为；守三严，笃三实[③]，当先锋；想当官，禁发财；想发财，当官禁；举贤人，无私心。

[八要求]

作风正，履磊落；阳光行，诚布公；持自洁，顶逆风；善周旋，效英雄；忧天下，不亢卑；贫不移，富不淫；勇挑担，敢创新；威不屈，宠不惊。

[卅三忌]

卅三忌，律令止：结干亲，友干政，妻玩术，情人骗，儿女亲，冷热病，事专横，无刚柔，鸡肚肠，油滑舌，软耳根，随大流，结帮派，占山头，语粗俗，怕挑担，吃拿要，吹牛皮，哄上级，欺下属，蒙群众，冷峻眼，扁看人，官僚风，瞎指挥，钻空子，抓辫子，戏弄人，为难人，算计人，威胁人，辱骂人，报复人。

[十八作风]

尊科学，稳求实；明执法，严秉公；不徇私，理服人；官一任，福一方；严律己，宽待人；知过改，倡谦恭；真实干，稳步行；忠不奸，志于公；诚不骗，上下和；廉不贪，淡富贫；勤不退，找事干；谦不骄，拒专横；实和虚，戒浮夸；醒不昏，正歪风；勇不懦，敢作为；贤不庸，业务精；有问题，想不通，看一看，等一等，忍一忍，谈一谈，想一想，换角色，找平衡；大道理，给自己；小道理，优惠人。

[十做好官]

做好官，曰忠恕，曰正直，曰诚信，曰清廉[4]，曰勤政，曰实干，曰谦恭，曰醒世，曰勇为，曰贤能，万民颂。

[好官提高十能力]

做好官，应提高，十能力：思想力，学习力，公信力，创新力，统筹力，谋划力，协调力，执行力，约束力，张弛力。

[十不做劣官]

不劣官，拒迷色，拒奢靡，拒涉黑，拒狂妄，拒奸佞，拒神通，拒滥权，拒缺德，拒散乱，拒赌博，拒酗酒，远民恨。

[劣官十二脸谱]

装老实，奢享受；假唯物，求神灵；边干事，边贪腐；公而私，独而行；乱作为，谋政绩；两面派，玩政令；不唯贤，买卖官；家族帮，结同盟；明团结，暗分裂；两条船，不义行；不抽鞭，不动弹；玩猫腻，溜达人[5]。

[不做十二软腐官]

软腐官，慢性病，常问诊，长期控：抓苗头，抓早醒，抓情绪，抓根本。问德行，问责任，问绩效，问群众。精准化，五培训，曰理论，曰政策，曰科技，曰管理，曰法规。有制度，关笼子；有奔头，重才能；有考核，加补贴；有关心，不绊人。八到位，抽签查，奖优胜，不拘格，不论辈，论德才，公推测，重实用，择优用。潜规则，严厉禁：太平官，怕失误，冒风险，不敢为；懈怠官，怕监督，问责严，不愿为；平庸官，井底蛙，故步封，不会为；滑头官，有唱功，无做功，不想为；傀儡官，讨清闲，放权力，让人为；蛋黄官，冷一阵，热一阵，兴趣为；火钳官，怕好事，怯坏事，糊涂为；休养官，发号令，不执行，散漫为；风雅官，追艺术，不勤政，玩乐为；水果官，伪包装，灌水分，虚假为；纸牌官，看同级，推下级，观看为；势利官，钻空子，卖乖巧，投机为。如此官，暗箱作，国祚废，快学习，脱换胎，主动为，热情为，扬国粹。

［六典范］

夏大禹，三让贤，做明君⑥；唐魏徵，以刚正，以廉明，理国政，得民心⑦；吴官正⑧，不谋私，不特权，勤廉政；焦裕禄，孔繁森，杨善洲，丹心火，暖百姓⑨，追卓越，人为本；忠职守，争奉献，为强国，而后生。

【典故释义】

①廉生威，公生明：语见明洪应明《菜根谭·概论》："居官有二语，曰唯公则生明，唯廉则生威。"

②首学廉：《周礼·天官·冢宰》中提出国家考核官员的六条规则："廉

善、廉能、廉敬、廉正、廉法、廉辨。”

③守三严，笃三实：中共中央十八届全国人民代表大会选举的总书记和国家主席习近平同志对中央、地方各级干部提出的要求：严以修身，严以用权，严以律己；谋事要实，创业要实，做人要实。

④曰清廉：《孔子家语·廉辩》：“理官莫于平（贫），临财莫于廉，廉（清）平（贫）之德，史之宝也“。

⑤装老实，奢享受：上班衣着大方朴素，工作较认真，下班去情人那里或朋友圈中大肆奢靡享受，隐身高档消费，参与赌博。

假唯物，求神灵：办公时满口唯物主义，节假中去寺庙求神祷告升官发财。

边干事，边贪腐：善于策划发展经济，善于向上级政府要钱，暗中操作项目，拿回扣分红。

公而私，独而行：在单位一手遮天，独来独往，我行我素。

两面派，玩政令：当面一套积极，背后一套机密，不择手段，玩弄上级。

乱作为，谋政绩：当办的事不办，不当办的事办到底，专心谋略政绩。

不唯贤，买卖官：任人为亲为钱，买卖官职，打击德才兼备者。

家族帮，结同盟：前门理政，后门经商，家族亲友，个个沾光。

明团结，暗分裂：口口声声公平公正，暗中帮派呼应，上下级变成“老板马仔”，同事变成“姐弟妹兄”。

两条船，不义行：脚踩官鬼两条船，处心积虑贪财产，子女移居外国住，风吹草动高飞远。

不抽鞭，不动弹：抽一鞭，转一圈，不抽鞭子不向前。

玩猫腻，溜达人：阴谋诡计多，骗人推大磨，功劳归自己，挑剔他人错。

⑥夏大禹，三让贤，做明君：夏大禹，姒姓，名文命，夏后氏首领，古涂山氏人（今安徽怀远）。因大禹十六年坚持带领天下百姓治理洪水，

划定九州国土之功，被舜选拔为自己的接班人。而大禹三次谦让其贤，感动国人推举他接班，传位启，称夏朝，史称夏大禹。

⑦唐魏徵，以刚正，以廉明，理国政，得民心：唐太宗李世民贤臣魏徵，一生冒险苦谏国策良言，赢得旷世贞观之治，千秋百姓称颂。

⑧不谋私，不特权，勤廉政，吴官正：吴官正，男，汉族，1938年生，江西余干人。清华大学动力系热工测量及自动控制研究生毕业，工程师，中共党员。2002年至2012年任中共中央纪律检查委员会书记。任职期间，廉洁自律，勤政为民，正直无私，光明磊落，得到国人的拥戴。

⑨焦裕禄、孔繁森、杨善洲，丹心火，暖百姓：焦裕禄（1922—1964），男，汉族，山东淄博市博山区北崮山村人，中共党员。1961年冬至1964年秋，担任中共河北省兰考县委书记期间，身先士卒，一线指挥，吃苦耐劳，累患癌症，带领全县人民抗击内涝，挖河开渠，绿化沙丘，改造盐碱土壤，使兰考很快告别了贫穷落后的面貌。焦裕禄心系百姓，艰苦奋斗，鞠躬尽瘁死而后已的精神，万古流芳。

孔繁森（1944—1994），男，汉族，山东聊城堂邑镇人，中共党员。他生前主动放弃优厚富裕的生活，全心全意为中国西部少数民族地区脱贫致富奉献一生。“丹心炉火，发展经济，修路架桥，无私无畏。”1994年因车祸殉职，当地人有副对联称颂他：“一尘不染，两袖清风，视名利安危淡似狮泉河水；二离桑梓，独恋雪域，置民族团结重如冈底斯山。”

杨善洲（1927—2010），男，汉族，云南省保山市施甸县人，中共党员，退休前的20年，曾任地委要职，廉洁从政，艰苦朴素，矢志绿化，一心为民。1986年退而不休，创办施甸县大亮山林场，20年植树造林七万多亩，修林区公路18公里，架高压输电线4公里。2000年12月全国环保总局授予他“全国环境保护突出贡献者”称号。2010年他把保山市奖励他的20万奖金分别捐给保山第一中学和大亮山林场。

第24章 公安政法

（一）公安政法

[**法治八纲**]

公安全，法而治，治之本，保稳定，安天下，护民主，助繁荣，筑防线，守底线，固一统。

[**法治十五方**]

法规正，字字山，律令行；行法规，明目标，刚柔济，措施灵，事透明；官与民，触法律，罪同等，禁逼供，悬明镜；管罪犯，以热情，而感化，做友朋，愿服刑；亲友劝，忏悔诚；坦白宽，抗拒严；重客观，轻主观；重证据，轻口供；重情境，轻反供；

重细节，轻串供；重调查，轻用刑；重人格，轻凌辱；重服从，而儆尤；重服心，受惩罚，无怨恨；重教育，守人权，防错案，不冤人。

[严禁十五种乱执法]

严厉禁，选择式，钓鱼式，暴力式，奸诈式，替罪式，哄骗式，乱释式，乱执法；警惕人，以徇私，舞弊法，亵渎法，买卖法，权代法，情代法，钱代法，激犯法，组合拳，挖恶根。

[维稳十五计]

堵违法，止犯罪，耐教诲；广普法，回访勤，管细心，健机制，防范早，洗灵魂，解忧愤；常擦眼，防邪教，化消极，变积极，促先进，帮后进，树典型；细执法，案公开，阳光行，评优劣，赏罚明，抓系统，系统抓，尽职能；有罪罚，无罪辩；疑之罪，且从无，守公信；律师群，良心亮，不作秀，维民权，见难人，即援助，无偿帮，铁骨铮；不懈治，责任制，定到人，谁主管，谁负责，协调勤；管好人，看好门，办好事；不歧视，犯错人，爱于心，见于行；改造人，耐教诲，以现身，而说法，严要求，松而紧，紧而松；有进步，去鼓励；有裂变，寻其根，暖其心。

[信访十五诀]

信访者，视亲人，守机密；以政策，而攻心；轮换人，安慰心；不哄骗，不高压，不错法，不打击，不报复，不打骂，不揪辫，不扣帽，不扣押，来访人，来访信；平等化，人性化，优流程。

[*法治为本*]

制法典，人为本，一公正，二公平，三公开，珍生命；命于法，法于心，心于德，德于国，国鼎盛。

（二）治安调解

事治安，调解员，精策略，精辩证，精德行，精才能，精正义，精仁爱，精文明。和事佬，勿失度，欲之擒，先故纵，树上花，送春风；劣迹生，抓苗头，争主动，防被动；稳家国，稳社会，稳秩序，稳发展，固一统。有诉求，即排查，早处理，暗掌控，化不利，为有利，顺事理，合民情，不偏倚，戒蛮横；大化小，小化了，有矛盾，追其根，早消除，萌芽中。若有人，小矛盾，闹上门，和颜劝，奉温馨，解误会，做知音，笑出门；大矛盾，双方怒，乖巧嘴，议事理，论古今，抓弱点，攻难点，钻漏洞，攻同盟，释前嫌，化彩虹。多事者，是非者，出难题，上门拼，斗输赢，先学习，国法规，圣贤言，自对照，自理论，自批评，互批评，软中硬，硬中软，虚虚实，认认错，谈谈心，乐回门。刚强者，难服者，明以察，暗以访，了内情，任其骂，消消气，解解恨，因其势，导其心，理疏通，当批评，则批评，该处罚，则处罚，具悔过，写保证，表决心，警示众。事解决，记档案，多回访，结芳邻。

（三）治理腐败

[十二高风]

喜纪检，大改制；高自律，强自身；高透明，重事实；高认真，事澄清；高素质，秉公正；高细心，清浊分；高妙招，无差错；高奉献，拒利名；高廉政，不染尘；新常态，不敢腐，不想腐，不能腐，问良心。

[八要求]

明监督，暗察访，立章程，秘跟踪，早预算，测预期，保机密，治标本。

[八秘诀]

抓大案，破小案，查举报，重实名；攻缺口，策内应，步步营；打老虎，捉苍蝇，猎狐狸，稳准狠；有堡垒，派卧底；严厉禁，刑讯供；不虐待，讲平等，尊人格，温暖送；将己心，比彼心，结知交，攻同盟；禁急躁，忌运动。

[十坚持]

公检法，各独立，行职权，互监督，量化法，挥铁腕，拔恶节，戒渎职，远特权，助公信，守坦诚。

［八自省］

事明智，常照镜，整衣冠，修其容，勤洗澡，防患病，若患病，争主动，请医师，立即诊，临床治，勿怕痛。

［七保证］

将权力，而关进，制度笼，严密控，正道行；宣誓制，述职制，监察制，巡视制，回访制，考核制，恩威并；以正气，而勉励，知情人，揭问题，具证据，护证人；伪证者，追责任；以审计，刮风暴，查白银；以司法，而链结，稳准惩；法职责，必须为；无授权，不可为，扼把柄；严防止，灯下黑，全方位，无死角，无丑闻。

［四必须］

纪检人，政策通，法规明；联全国，联国际，融一体；上与下，内和外，守信息，结同心；条理化，程序化，规范化，办好案，无空钻，无缝存，公布众，服人心。

［四做到］

公检法，防错案，防假案，防冤案，省市间，常调换，高明人；阅卷宗，寻蛛丝，觅马迹，钻漏洞；设问讹，验签名，验笔供，验指纹，细比对；以事实，为依据，以法律，为准绳。

[定罪十五要求]

定罪时，人证硬，物证硬；重真相，重客观，重地址，反复勘；姓名真，口供真，签名真，鉴定真；数字准，时间准，地点准，用法准。（两硬、三重、四真、四准）

（四）律师

[八师]

律师者，律之师，法之师，理之师，谦之师，德之师，雄辩师，诡道师，纵横师，心地明。

[十二作用]

陪法官，当助手，不冤案，不错案，不假案，伸正义，法理用，事公平，辩罪无，辩罪轻，量刑准，罚罪真。

[八藏]

良心藏，品端正；知识藏，通古今；法眼藏，窥妙计；智慧藏，辨伪真；铁肩藏，担道义；利齿藏，制动静；素质藏，善综合；如意藏，得人心。

［二十要］

法与律，皆建立，情和理；从宪法，从正法，从大纲，从大政；律条文，句句懂，字字通，熟于心；法文书，每个字，值千金，慎之用；知法律，三原则，曰权利，而义务，曰行为，而责任；曰要约，而承诺；懂犯罪，三要素，曰动机，而思想，曰行为，而作案，曰后果，而危害，而破坏，而反动；论辩时，极细心，有耐心；以事实，为依据；以法律，为准绳；重客观，轻主观；重证据，轻口供；战略上，藐视人；战术上，重视人；善观风，而掌舵；觅蛛丝，深挖根；观心态，钻漏洞；趁对方，无防备，突袭击，发其问；以欲擒，而故纵；以釜底，而抽薪；以偷梁，而换柱；连环套，守为攻；有疑难，请休庭。

［二十注意］

好律师，好良心；说真话，说直话；爱公益，无私心；义援助，弱势人；同一案，不能为，双方主，代理人；近亲属，利冲突，要回避，诉与讼；应重法，勿重情；拒勾结，执法官；不暗挟，输与赢；法院外，止作乱，不传单，不串众，不闹庭；诉讼费，不乱收，依规定；远离开，商业化，乱经营；公务员，禁兼任，律师职；不受贿，不要挟，不出卖，不侵害，不愚弄，当事人；因过错，而伤害，当事人，受损失，要赔偿，即兑现；诚接受，众百姓，之监督；不威逼，不利诱，不假证，守章程；不泄露，人隐私，人信息，人机密；不拖案，不烂案，不作案，平等待，富与贫；清静心，办好案，快稳准；受聘用，依规定，立合同，尽其责，出好庭。

（五）警 察

［六威仪］

头顶天，望星空；脚踏地，响雷霆；衣冠整，威若山；手臂伸，举长城；高身影，座座塔；行住坐，金刚神。

［六任务］

护国家，富强民，牢基业，铸太平，扛天下，荡豪情；保社会，维稳定，促和谐，融团结，治秩序，钢铁兵；为人民，守自由，守民主，守权益，守钱财，酬壮志；担道义，奋抢险，救灾民，爱公益，解纠纷，肝胆奉；治违法，防犯罪，惩恶魔，反邪教，止事故，敢死生；执国法，促盛世，而昌明，而保驾，而护航，献丹心。

［六准则］

忠职守，严执法，身清廉，纪严明，听指挥，服政令。

［八要求］

靠人民，鼎力助；爱人民，一家亲；听人民，好建议；请人民，监督紧；护人民，之权益；为人民，服务勤；办案件，快准稳；敢担当，无私公。

［八做好］

上班时，着警装，整警容，持警证，佩戴好，警标志，言与行，沉稳重；执法时，严秉公，不徇私，不舞弊，不乱说，不乱行，不渎职，不谈心；办事时，持公正，重调查，讲实际，明法规，懂政策，摆道理，以热心；执勤时，文明行，不骂人，不打人，不踢人，不饿人，不渴人，不吓人；信访时，真热情，善耐心，戒官腔，忌骗哄，禁发怒，不扣押，堵蛮横；交往时，学低调，持虚心，各地方，之风俗，之习惯，当尊重，乐顺从；出门时，守公德，守规章，守节操，守人伦，守精神；回家时，公文件，不带出，办公室，口守紧，为亲人，融温馨。

［十二禁］

当警察，国为本，人为本，护人权，有人性，严自控，牢牢记，十二禁：散言论，组织人，反国家，而集合，而示威，而游行；有无意，泻国密，泄警密；故弄虚，而作假，瞒真情，而包庇，而纵容，犯罪人；施诡计，骗上级，瞒上级，谎批准，而刑讯，而逼供，而体罚，而虐待，嫌疑人；未立案，而关押，而剥夺，而限制，嫌疑人，之自由；无法定，之文书，搜他人，之全身，之物品，之住所，之场景；以敲诈，而勒索，嫌疑人，之亲属，行贿赂；殴打人，教他人，而打人；未批准，而罚金，拒开票，入私囊，不交公；暗接受，当事人，代理人，之财物，之礼金；为谋利，而玩忽，之职守，不履行，法规定。国法律，无大小，皆平等，执法人，若违法，明严惩，公布众。

第25章 村官

[村干十纲]

选贤人，当村干：人为本，诚为魂，和为体，法为绳，志为旗，仁为命，信为用，德为种，廉为纲，柔为神。

[村干十无]

无私心，无恶心，无傲心，无恨心，无贪心，无懈心，无鬼心，无假心，无粗心，无污心。

[村干十不]

不权术，明用印；不腐败，作风正；不事故，除陋习；不宗派，是非明；不撂担，有头尾；不忿躁，好人品；不奢靡，严纪律；

不仗势，扶弱众；不霸道，守本分；不自夸，办事勤。

[村干十五行]

正能量，服务民；科学办，一切事；能上下，辱负重；破壁垒，敢牺牲；吃得亏，受得累；救灾难，闯头阵；交益友，善待民；知错改，勇担当；妙解怨，悬明镜；乐奉献，顾大局；惜资源，巧用人；脚踏地，望星空；不钓誉，不沽名；利天气，接地气；理人气，学共赢。

[村干十五精]

勤学习，廉奉公；追卓越，兴文明；强生态，美环境；善多行，知报恩；一步路，一脚印；胸开朗，事开明，脑开放；数精确，手精细，眼精明；上执行，政府令；下体贴，人民情；守法规，严律己；大小事，持三公：曰公平，曰公正，曰公开，民主议，集体定；一蓝图，一山水，一家家，一人人，远与近，生老病，与死苦，一本账，规划清；民开心，且开心；民有困，即解困；风雨共，贴民心；手挽手，宏图成。

[村干三自勉]

江山稳，村有功；家国富，村有情；一根绳，一股劲，齐奋进，中国梦，守使命。

第26章 教师

（一）教育教学建言

［十纲］

事教书，教本领；事育人，育灵魂；事有才，促成才；难成才，会做人；事传道，正能量；事文明，守人伦；事健康，强素质；事基础，懂个性；事理想，强创新；事发展，高引领。

［六法］

有教者，勿分类；因其材，施教程；以循循，而善诱；知循序，而渐进；善变通，多元化；会学习，扬其能。

［六律］

即时性，教真实；助天赋，激兴趣；紧紧跟，学生走；优强项，步步稳；不偏爱，无贫富；拒排名，护自尊。

［备课六结合］

备好课，结合人，结合事，结合时，结合本，结合情，结合境。

［作业六结合］

备作业，六结合：有书面，有口头，有操作，有实践；重指导，重独立，重团队，重合作；理收敛，理开放，理质疑，理难易；大作业，小作业，分阶梯，因人异；长作业，短作业，灵活变，分主次，查仔细；结合优，结合劣，有记录，有批阅，有日期。

［教学六坚持］

快乐学，体罚禁；自主学，沉潜泳；题做错，勿打×；多表扬，少批评；深探究，倡提问；勇实践，灵活用。

（二）教师

［为人师表八要求］

满腔血，铸师魂：天行健，洁自身；亮名节，裕后昆；爱岗位，敬职业；厉克己，廉奉公；爱祖国，守法规；广明礼，守诚信；

彰团结，行友善；习谦恭，倡文明。

［教师十二纲领］

学科学，促兴趣；教好书，育好人；和谐教，十生态[①]；知循序，而渐进；教与学，共相长，脚踏地，卓越行；优质教，敢创新；师学勤，业务精；师与生，律互动，超自我，知自明；追根底，源头清；有教之，无分类，优弱生，持平等；爱学生，如骨肉，不索取，默耕耘；一切事，为学生，无怨悔，服务勤。

［教师八原则］

师心慈，如红烛，耐诱导，融温馨；师品贤，激大爱，助成才，架彩虹；师学高，睿智远，富博学，人为本；师德高，垂典范，严律己，静修身；师学严，厉谨慎，图务实，追究竟；师道明，如镜鉴，柔如水，察有情；师风正，声名高，担道义，稳若松；师胸宽，纳大海，桃李茂，沐春风；为人师，无尚荣[②]。

（三）中小学校长

［十个一］

一校长，一校主，一标杆，一明镜，一座碑，一风景，一百姓，一学生，一海洋，一山峰。

［十个知］

知国家，之教育，之方针，之策略；知华夏，之传统，之光辉，而传承；知百家，之学问，取之长，补之短；知团结，教职工，手挽手，结彩虹；知清廉，秉俭约，展宏图，阳光行；知远近，善统筹，外于精，内于勤；知时间，争分秒，迈虎步，响雷霆；知教学，之规律，之艺术，事开朗；知育人，向全面，之全体，存一心；知社会，浊与清，百年计，善圆通。

［十个优］

优管理，若弹琴，轻重分，树典型；优人才，能用好，留得住，爱如命；优制度，抓措施，懂职工，懂学生；优学习，底气足，有质疑，敢发问；优服务，踏实干，不名利，高引领；优知识，而同构，以感情，而共振；优助手，心连心，用不疑，疑不用；优协调，顾大局，求存异，科学引；优创新，破壁垒，动真格，目标明；优礼乐，强文明，追卓越，坦胸襟。

［十个不］

不专横，不跋扈，不帮派，不违纪，不贿赂，不报复，不诡谲，不徇私，不舞弊，不渎职。

（四）中小学班主任

［十贤］

班主任，学生头，学生友，学生兄，学生山，学生旗，学生命，学生胆，学生父，学生母，学生师。

［十有］

带学生，学有乐，学有趣，学有方，学有长，学有成，学有义，学有礼，学有仁，学有德，学有志，素质增。

［十止］

止偏爱，止偏激，止偏听，止体罚，止违规，止玩世，止奴化，止阴谋，止妄语，止随意。

［十不］

见家长，不乱告，学生们，之黑状；班丑事，不外传，重教育，奖改正；有问题，不排斥，速解决，担责任；出乱子，不错整，三结合[①]，秉公正；管学生，不粗暴，分男女，知个性；学生病，不等待，送医院，当亲生；见学生，不是非，多表扬，少批评；任班干，不轻信，当助手，慎更换；食与宿，不大意，教自理，督查勤；言与行，不粗俗，有威仪，作风正。

［五知］

备本子，日记勤，观学生，新常态，假与真；课间训，放学训，日小结，短而精，树典型；不定期，出墙报，出专栏，多样化，激热情；周有清，月有结，常家访，旁问听，好改进；想点子，多开展，好活动，与时进，目标明。

（五）幼教

［六要］

幼童小，乐天真，脑空白，洁而净，易学好，易学坏，早教育，成凤龙；视如宝，爱如命；耐疏导，做友朋；身作则，律言行；不偏爱，不体罚；平等待，富与贫。

［十纲］

强素质，健体魄，培善根，促和谐，育精神，爱生命，护心灵，利分享，明品德，学会玩，正道行。

［十好］

好模仿，学家人，身作则，事谨慎；好野外，乐生态；好伴侣，乐心境；好合群，乐交友；好童话，乐天真；好游戏，爱玩具；好成功，乐自信；好奇心，乐认知；好称赞，灵活用。

［**十四防**］

保安全，抓之紧，防跌倒，防受惊，防中毒，防感冒，防厌学，防暴食，防暴饮，防疲劳，防偷奔，防谎语，防打架，防不公，防拐骗，防恶行。

［**上课时间**］

日常规，守之清，每节课，小班孩，一刻钟；中班孩，二十分；大班孩，三十分。

［**十四计**］

孩进校，首先教，识标识，玩开心；严执行，一念善，福终生；孩乱行，理讲明；闻秽言，耐心训；若任性，妙招引；如发怒，去逗笑；违规章，大伙评；好故事，天天讲；编游戏，开窍门；制吵闹，管在理；有过错，劝纠正；获优胜，掌鼓劲；遇失意，奖代惩；智弱者，倍关心。

［**二十方**］

一切事，人为本；学中乐，乐中学；重表扬，慎批评；互帮学，共促进；激信心，唤决心；锻恒心，启创新；常评论，插红旗，贴五星；光荣花，光荣榜，比先进；小专栏，小展览，小舞会，小广播，小歌咏，小田径，重参与，学精神；讲礼貌，倡文明；不脏话，不野话；身整洁，检查勤；教自理，多动手；优习惯，学用功；生日乐，节日乐，热心办；培兴趣，励智能；若有难，急解困；团结人，争上进。

［十明］

小孩事，小孩办；亲团队，懂私公；恋学校，玩开心；尊师长，不呼名；爱公物，喜动物；护花草，保环境；爱自然，讲卫生；幼童好，家国兴。

（六）小学低年级教育教学

低年级，初启蒙，奠基石，牢放稳。以“糖”法，甜美心，学快乐，爱学校，顺天性。师一言，一举动，一眼神，需认真，错一点，误终生。孩进校，保安全，进出门，严管紧，陌生人，拒绝进。教守纪，互帮助，爱环境，爱植物，爱动物，爱公物，爱整洁，讲文明。优习惯，优结伴，优改错，优真诚。头个月，新鲜事，扎下根，教本能，立要直，坐要正，行要稳，说有情。教写字，伸食指，虚空拟；再粉笔，上黑板，教写法，勘误正；再铅笔，学描红，手把手，姿势正，看守紧。教数数，以实物，拼图形，巧互动。写数时，以形象，之特征，正笔顺，1是棒，2是鸭，3是鹅，4是旗，5是鸟，回头望，6豆荚，7拐杖，8字形，连衣裙，9酒杯，饮酒样，1配0，男和女，喜成双。写汉字，四四方，五肩膀，六柳枝，七嘴巧，八开怀，九吊钩，十美郎。上课时，耐心教，下课后，陪学生，一起玩。备作业，要适中，禁潦草，止粗心。有错事，劝改正，奖代惩，开小会，表决心。

有难事，即解决，做父亲，当母亲，融温馨。

（七）小学中年级教育教学

中年级，以“盐”法，激兴趣，促长进，助自理，教自信，扶自主，循序进。优学习，优上进，优团队，优爱心，优守纪，优活动。上课前，两分钟，讲故事，说趣事，开玩笑，话幽默，激将法，提精神。谁坐好？谁清静？热情高，且开始，讲课文。谁乱动，忽提问，将一军。谁乱说，请默写，字词文。课堂上，做作业，少而精，题题对，字工整，敷衍者，责重做，合标准。课后题，基础题，重点题，扎实练，及时批，题做错，不打 ×，做记号，换符号，当面问，追其根。花样书，不乱看，题海战，毁身心。班主任，善利用，好班干，当助手，做主人，而分忧，而自管，而互管，而团结，而统一，大家心。

（八）小学高年级教育教学

高年级，补“钙”法，提精神，正学风，尝酸咸，扬正气，受挫折，不灰心。管要严，学要实，干要专，放要宽，收要紧。上课前，两分钟，或猜谜，或对联，或漫画，入课文。边提问，边讨论，边设疑，边结论。优自谦，优自学，优自知，优自明，优自重。视学生，如骨肉，如朋友；爱学生，当太阳，当明星。班主任，与家长，常沟通。在家好，在校好，进社会，则更好，言与行，档案登。纠纷事，大化小，小化了，主公正。劣迹事，莫公开，具检讨，写保证。学习事，教方法，掌脉搏，帮记忆，当背诵，要背诵。做作业，互检查，传帮带，勿轮分。优质教，五知明：曰备课，常备新，结合人，活而精，知轻重；曰课堂，请学生，上讲台，而解题，知其真；曰提问，课内外，善辩解，真酌见，知其本；曰反馈，错题集，知要领，知其根；为人师，尽义务，为学生，而服务；不官僚，累学生，为老师，服务勤。

（九）小学教育讲爱心

爱上学，光荣心；爱学校，亲近心；爱文明，守纪心；爱团队，凝聚心；爱父母，感恩心；爱师长，恭敬心；爱同学，仁义心；爱交友，诚信心；爱模范，纯洁心；爱动物，慈悲心；爱植物，责任心；爱自然，环保心；爱公物，良善心；爱财物，节俭心；爱生活，好奇心；爱生命，阳光心；爱学习，专注心；爱时间，勤奋心；爱劳动，生存心；爱办事，优胜心；爱整洁，习惯心；爱科学，探索心；爱想象，童话心[③]；爱尝试，勇敢心[④]；爱阅读，高尚心[⑤]；爱愉快，兴趣心[⑥]；爱和美，自在心[⑦]；爱场景，思维心[⑧]，爱和谐，平等心；爱荣誉，平常心；爱分享，共赢心；爱锻炼，健康心；爱活动，安全心；爱谦虚，反思心；爱务实，求真心；爱奉献，无私心；爱表扬，进取心；爱批评，宽忍心；爱社会，公益心；爱人民，使命心；爱国家，荣辱心；爱家庭，温暖心；爱世界，担当心。千万教，教要领，做真人，讲爱心[⑨]。

（十）初中教育三善行

［初中教育阶段学生特点］

初中生，如嫩燕，毛不丰，翅不硬，想飞行，难飞行，幼稚性，天真性，开放性，偏激性，大胆性，冒险性，幻想性，叛逆性，零乱性，离奇性，融其身，朝夕变，不稳定，时刻想，飞出窝，游天空，逞豪雄。

［初一阶段善引诱·十引］

新招生，少儿童，曰稚嫩，曰天真，善诱引。先摸底，查基础，开好头，布好局，优环境，热气氛，甜感觉，融温馨，迷学生。为人师，以学本，备好课，上好课[⑨]，立信心，促学生，守纪律，听好课，巧提问，授道业，益生存，树新风。备作业，少而精，基础题，反复练，典型题，应讲深，小难题，理疏通，自主做，大难题，少用功。管学生，讲艺术，忌简单，戒粗暴，理服众。解纠纷，秉公正，众同学，在一起，惜缘分，让几分，认认错，道道歉，解解气，握握手，拍拍肩，唱唱歌，化利剑，铸宝鼎，违规纪，八九次，口批评，满十次，开班会，具保证。激学生，传帮带，管自己，做主人，好活动，多开展，奖先进，促后进，比进步，比文明。大小事，过得去，问自己，问良心。

［初二阶段善严谨·十严］

二年级，曰老生，善严谨。每分钟，每秒钟，皆黄金，闪闪亮，灿星空。课程多，内容丰，知识链，纵与横，当扣紧。紧学习，紧校训，紧校纪，紧人品。道德观，价值观，初形成，抓稳定，抓根本。树理想，鼓干劲，奔前程，防滑坡，防陷阱。班活动，花样多，有准备，有中心。选班干，立标杆，树典型。未成年，保护法，字字句，灵活用，小笔记，不可翻，有信件，勿乱动。说错话，不可罚，做错事，勿乱整。校内事，勿乱传，保机密，慎言行。管学生，以法规，止蛮横，乱治乱[10]，正治邪[11]，邪治正[12]，耐心管，五结合[13]，正道行。

［初三阶段善亲近·十亲］

三年级，成熟期，尊人格，善亲近。师生间，视姐妹，当弟兄，做好友，心贴心。上课前，准备足，防学生，妙提问；上课时，态严肃，姿庄重，开课本，问学生，可预习？请举手，有疑问，写黑板，讲课文；边设疑，边互动，边结论，激兴趣，学开心；病以治，难以解，疑以问，事以顺，口以和，步以正，信以诚，平等待，男女生。止冷漠，戒激怒，忌侮辱，洁灵魂，不委屈，众学生。大小事，讲民主，有问题，大家论。解问题，细于心，有隐私，勿过问。有矛盾，慎上交，内消化，守本分。班日志，笔记清，当档案，而保存，常反思，与时进。备作业，少而精，活而新，教方法，助自信，疑难题，给优生，典型题，给中生，基础题，给弱生。会学习，会休息，比素质，比精神。

【典故释义】

①和谐教，十生态：此句出自浙江镇海中学校长吴国平《和谐教育十

生态》：“整体性、自主性、丰富性、民主性、多样性、包容性、开放性、技艺性、人类性、品质性。”（《人民教育》2011 年第 9 期）

②为人师，无尚荣：西汉扬雄《法言·学行》：“师者，人之模范也。”北宋李觏《李觏集·安民策》：“师者虽无人君（帝王）之位，但必有君王之德。”（捷克）夸美纽斯《大教学论》：“教师职业是太阳底下最光辉的事业。”明解缙提出“天地国亲师”的五尊之位，师享一尊。

③爱想象，童话心：想象教育源于美国。它是培养学生高尚道德情操直奔远大理想的教育。想象是一种无限制物理思维空间所产生的有形无形现象。小学阶段儿童富于想象。爱数学的孩子逻辑思维强，爱语文的孩子记忆能力强，调皮学生创新能力强。5 至 7 岁是认知转化阶段，爱好多功能三维立体想象；8 至 11 岁孩子逻辑思维发展快，什么事都要问个为什么，无拘无束自由徜徉在世界的现在与未来。这时教师要注重开发学生多元化思维，如何把想象变成现实，以激发学生个性化发展，享受童话般快乐。

④爱尝试，勇敢心：尝试教育是江苏省常州市教育研究院院长邱学华提出来的：“先练后讲，先学后教，先行后知，先做后懂。”其核心是“教育教学的全过程让学生自己做主，自主尝试学习做人做事”。

⑤爱阅读，高尚心：这个教育思想古今皆有。一般来说，爱好阅读的人都具有高尚情操和良好的学习习惯。孔子说：“学而时习之，不亦说乎。”高尔基说：“书是人类进步的阶梯。”因而阅读成为人终身积极向上的良好行为。小学阶段阅读不少于 30 万至 40 万字，初中阶段不少于 70 万至 80 万字，高中阶段达到百万字以上。

⑥爱愉快，兴趣心：愉快教育是 20 世纪 80 年代上海一师附小教研组提出来的。核心思想是“让每个孩子都有一个幸福童年”，教孩子五年，为孩子想五十年，为国家为民族想五百年。“将爱、美、善、兴趣、创造”作为核心要素，推进中国小学教育的整体改革。

⑦爱和美，自在心：和美教育是以“和”“美”为核心。2011 年由成都师范学院倡导的。2012 年、2013 年、2014 年由《人民教育》编辑部牵头举办了三届论坛。

⑧爱场景，思维心：这是南京市三牌楼小学校长李传庚先生提出的场景教育思想。学校教育教学利用一切场景而发挥契机，以学习者为中心，以学习任务为分类标准来整合各种学习资源，学习过程，全面完成学习目标和任务。真正达到场景内外精细节点的重构组合，实现学习者刻骨铭心的效果。

⑨近现代中国与世界各国的教育思想异彩纷呈，百花齐放。本文 43 个爱心教育概括了许多教育思想，目的在于借鉴。重要的有叶圣陶的国民素质教育，陶行知的生活教育，陈鹤琴的活动教育，黄炎培的职业教育，蔡元培的习惯教育，斯霞的母爱教育，李吉林的情境教育，邱学华的尝试教育，浙江镇海中学吴国平的生态教育，上海一师附小的愉快教育，成都师范学院的和美教育，韩立福的学本教育，还有美国想象教育，等等，均各有千秋。

⑩为人师，以学本，备好课，上好课：学本课堂教育是中国教育科学院教授韩立福先生提出来的。核心是“实现自我教育，教学生学会学习，教师应成为学生的大同学”。具体而言，教师应充分相信学生的学习潜力。当学生在教师指导下学会自主合作而探究学习之后，教师和学生以平等身份共同开展活动，实现学习目标。

⑪乱治乱：让难管的学生当班干，解决难题。

⑫正治邪：出现问题开班会，请全体学生讨论纠正立规。

⑬邪治正：调动难管学生良知，批评纠正，不做老好人。

⑭五结合：教师、学生、家长、亲友、社会团体。

第27章 记者

[**光荣职业**]

脚踏地，望星空，头顶天；神通广，秀地气，香满天；心如日，暖大地，灿高天；眼如火，明宇宙，亮周天；口若琴，理人气，开朗天；灵巧手，绣大地，绘蓝天；天下兴，天下事，扛双肩。

[**生命在线**]

新闻魂，事实真，不妄言；内容新，聚焦点，抢时间，风火传；天在线，地在线，国在线，人在线，前沿线，生命线，日日夜，分分秒，勤宣传，闪雷电，促社会，激文明，助繁荣，匡正义，倡和谐，保稳定，快发展，建乐园。

［十好十无十严］

服务好，为人民，无差错，组织严；作风好，乐善行，无劣迹，守纪严；学习好，业务精，无懈怠，监督严；合作好，尽其力，无猜疑，态度严；清廉好，秉公正，无腐败，俭约严；精神好，胸宽广，无是非，护尊严；诚信好，求务实，无虚伪，公私严；品德好，争上进，无媚骨，修身严；仪表好，姿庄重，无怪状，有威严；环保好，护生态，无污染，律己严。

［二十四妙招］

曰敬业，新而快，活而深，心眼明；曰优质，专三勤，脑手腿，齐用功；曰采访，底气足，有准备，敏感灵；曰要领，家国兴，顾大局，人为本；曰引导，善转换，有高度，知共性；曰图片，亮主题，巧策划，妙文用；曰好奇，找节点，关键词，解剖深；曰鲜活，能控变，前后顾，避嫌疑；曰版面，在热线，与编辑，结好缘；曰时效，跟风紧，瞬息变，勿走神；曰特写，高稳准，以细节，而动人；曰前瞻，眼光远，挂篷帆，唱大风；曰魅力，冒风险，敢担当，做先锋；曰群众，呼心声，亲体验，甘苦共；曰刚柔，清垃圾，治魔鬼，益友朋；曰完整，不耻改，磨精品，情至真；曰艺术，会提问，细观察，触灵魂；曰知识，多元化，生妙趣，写美文；曰颜值，骨梁硬，忠国家，念初心；曰自明，补短板，知错改，淡利名；曰约束，不违规，不侥幸，文明行；曰正派，得捷径，威不屈，宠不惊；曰精彩，信科学，谋实事，步青云；曰鼓动，强自信，严自谦，做真人。

［采访十六要求］

为国家，为民主，利民生，保民权，止邪恶，情感真，礼貌先，证齐全，心平和，听要点，知热点，问仔细，察看清，笔记勤，不索财，守底线。

［十禁乱作为］

好记者，国家宝，无冕王，禁非法，乱作为：好新闻，不隐匿，不营利；不徇私，不枉法，不虚假，而宣传；拒有偿，勾结人，乱服务；不中介，不广告，觅财源；不创办，不参股，不乱为，办公司；不发行，票与券，止赞助，暗赚钱；不敲诈，不勒索，设陷阱；不替人，而报复，泄私怨；不受贿，不买卖，新闻稿；不暗箱，而操作，利益链。当记者，德为本，明大义，造福田。

［记者忌八化］

新闻人，忌八化：机关化，机械化，僵硬化，取巧化，金钱化，萝卜化，蜻蜓化，庸俗化。

［记者八精进］

常修炼，好头脑；多结交，好朋友；要带响，好助手；抓活鱼，好腿脚；爱阅读，好用法；理解人，好感觉；多比较，好奋进；三贴近，好事多，近群众，近实际，近生活。

［新闻六要素］

新闻稿，六要素，不可缺：曰时间，曰地点，曰人物，之起因，之经过，之结果。

第28章 务工

（一）产业工人

［十一要］

做工人，心要公，骨要硬，脑要灵，眼要明，志要坚，步要稳，胆要大，心要细，劲要足，身要直，手要勤。

［五威仪］

坐如钟，不翘脚；立如松，不歪身；卧如弓，不乱动；行如风，靠右行；干活时，有姿势，依行规，操作准。

[十五风格]

言与行，皆一致；兴仁德，义薄云；干一行，爱一行；敢人先，斗邪恶；乐办事，追风行；哪里苦，哪里去；不仗势，不欺人；不贪利，不谋名；不违法，不迷信；顾大局，识大体；爱奉献，乐助人；无畏惧，无私心；讲团结，笃诚信；讲礼貌，明大道；从友善，与时进。

[八豪言]

千里马，闯新路；不扬鞭，蹄自奋；强家国，担先锋；弄大潮，领头军；知荣辱，跃云空；遇坎坷，腰不弓；百业梁，主人翁；永不息，跨征程。

（二）农民工

[务工之兴]

农民工，进城市，甩臂膀，展宏图；订合同，受聘用，正式工，合同工，临时工；大部队，周年累，劳日夜，不图名。

[务工意义]

炎黄孙，同蓝天，同热土，同心干，为强国，为复兴，为民主，为和谐，为文明，流血汗，尽本分，献丹心。

[务工之德]

百年计，质为本，不减料，不偷工，节资源，惜能源，利环保，利规划，尽责任；抓小事，技术精；办难事，展才能；干实事，善吃苦；成大事，魅力拼；平凡事，做经典；琐屑事，做完美；本职事，尽本能；服管理，正道行，安全经，生命经，时时念，抓到位，见行动。

[务工信心]

中国人，好传统，务工者，当继承：重诚信，不功利；重友善，戒浮名；重经常，忌侥幸；重仁义，拒谎言；法在上，不可侵；以道德，立身命；以大爱，得人心。

[务工谨慎]

积资金，办企业，重论证；做广告，字字真，合法规；若受骗，上法庭；亏漂亮，赢轻松。

[务工伟大]

务工者，撑天地，皆好汉，该当家，当做主；国机器，螺丝钉，永不锈，奋飞腾。

（三）工人上班

[工人上班形象]

上班时，有威仪，衣冠整，洁而净；穿和戴，勿超群；男工人，勿怪态，勿怪发，勿傲性；女工人，淡化妆，发束紧，不妖精，持庄重。

[上班八注意]

上下班，不迟到，不早退；自打卡，勿代劳；着工装，按规定；工号牌，要戴正；工作服，及时换；办公柜，开关紧；行坐正，站立稳，少说话，勿乱行。

[上班十六禁]

工作时，禁会客，禁零食，禁上网，禁聊天，禁炒股，禁购物，禁扑克，禁麻将，禁赌博，禁游戏，禁弈棋，禁编织，禁刺绣，禁带孩，禁酗酒，禁嬉耍，不扰人。

[克服上班不良风]

力克服，不作为，懒作为，慢作为，乱作为，压作为，持正风，止歪风。

[上班四美]

语言美，声音轻，甜蜜人，掬笑容；行为美，有风度，讲礼貌，乐助人；环境美，整洁新，无脏乱，无污尘；心灵美，常自省，帮后进，学先进，有热心，有耐心，有诚心，有细心，有爱心。

[上班十要求]

人进门，笑脸迎，请上座，热茶奉，先问好，事办勤；睦协作，责任明；水电器，随时关；有杂物，勿乱扔；见垃圾，拾起勤；用公物，动作轻，有损坏，即修整；有任务，立即行，不拖延，优完成；交接班，互敬礼；守规章，树正风。

[上班风格]

公亦家，家亦公；爱岗位，荣辱共；上与下，结同心；强家国，铸人生！

第29章 务农

（一）务农

[五要义]

古至今，重农耕；保天下，安民生；农亦兴，国亦兴；兵未动，粮先行；食为天，重三农。

[十八策]

兴水利，改土层，肥当家，优选种，密度适，田管勤，轮间作，控气温，抢季节，常换种，宜地利，透阳光，保水土，改农具，兴科学，技术精，防旱涝，治虫病。

[**五伟大**]

日日夜，茹苦辛；春争秒，夏夺分，秋抢晨，冬追日； 饮雷电，餐雨风，披月光，戴繁星；日当午，锄禾紧，盘中餐，血汗凝；为丰收，抛利名，伟大者，数农民。

[**三机制**]

新时代，城与乡，一体化，寸寸土，变黄金；大农业，小农业，共成立，合作社，创品牌，注商标，兴特色，紧链条，布局新；入保险，抗灾害，赔损失，奖成功。

[**二十要**]

新农民，责任重，首爱国，是非明，尽义务，扶仁政，多面手，淡富贫，兴五常，晓人伦，亲天地，崇文明，笃友善，孝老人，守法规，宽待人，重团结，持诚信，谋发展，敢创新，争奉献，人为本，克俭勤。

[**六乐**]

农家乐，空气新，绿食品，水清净，风景美，谷果丰，人寿增。

（二）护 林

[**森林十大好处**]

唯森林，保土层，抗风暴，挡风沙，防旱涝，美环境，灭毒菌，防污染，制氧气，调气温，富人民。

［森林六大优势］

一棵树，一宝库，为人类，增效益，增寿命，增智慧，增美景，增奇迹，增友情：密密根，抱成团，固土壤，不流失；干和枝，手挽手，肩并肩，挡恶风；叶片稠，空调机，过滤器，吸毒气，吐氧气，净浊尘；大雨至，枝叶干，饮其水，渗透深，抗涝洪；天久晴，释放水，满山流，退旱情；叶落地，变基肥，长花果，茂草丛，肥野兽，胖飞禽；良循环，天地泰，福人间，万物新；树枯老，可盖房，置家具，寸寸用。

［森林被毁三害］

古代人，急功利，滥采伐，坏生态，有铁证：古楼兰，丝绸路，富鼎盛，恶商人，伐树林，数年内，沙漠化，瘟疫行，无法治，人死尽；叹中国，近卅年，森林法，欠执行，疏管理，兴安岭，火灾凶；有林农，刀申请，斧批准，乱制度，荒山增，溪沟干，异之兽，珍之禽，频绝种，如何行？

［护林十措施］

请国人，快觉醒：常学习，林法规，照照境，洗洗手，问问心；育苗木，绿荒山，封青山，议禁约，行法令，树典型；科学管，精细管，严控制，采伐证；采伐时，人监证；监证数，监证售，监证用；伐一棵，栽十棵，活十棵，具保证，督查勤；现场查，现场封，现场惩；发文告，规范化，程序化，信息化，网络化，长效制，责任制，监督制，严管紧；治奸商，治恶民；治荒野，治恶水，治恶俗，治腐败，堵漏洞。

[**森林防火十六要**]

天天念，防火经；人上山，烟禁吸，火忌生；有违法，严厉惩；开火路，标火警，做水池，绝火种，写标语，鸣喇叭，插警旗，传单印，人人管，定制度，常检查，严执行。大小事，责到人，出问题，谁负责，问责谁，问到底，不留情。

第30章 从医

[八医风]

白天使，健康神；为人类，保健康，救病伤，扶死生；争秒分，行人道，尽其能；以治病，之一时，而鞠躬，学一生；为患者，医伤痛，任劳怨，求必应；无公私，无远近，无疏亲，无老幼，无大小，无怨恨；以人品，销药品，售真品；将人心，比自心，凭良心。

[八医德]

仪表端，掬笑容；言与行，讲文明；关爱人，无贫富；视患者，如至亲；忠职守，细于心；医患者，服务勤；不徇私，拒报恩；平等待，一切人。

[八不准]

不以病，大处方，索钱财；不以假，劣质药，而乱真；不以事，而报复，留后患；不以药，乱推销，而分红；不以利，而投机，暗舞弊；不以技，涨身价，而专横；不以名，要花招，妒贤才；不以责，设陷阱，嫁祸人。

[八要求]

谨言行，守医秘；互协作，团结紧；学人优，互敬重；求卓越，敢创新；奋务实，遵法规；勤补拙，廉奉公；敦高品，好而学；学而行，行正道，道德艺，争双馨。

第31章 经商

[六忌讳]

商若奸，断财源；贩劣货，败门风；抬物价，遭人唾；扣尺秤，污儿孙；霸行市，招灾祸；掺杂物，恶报深。

[六警]

生意场，亦战场，策略稳，计谋精；擦亮眼，防陷阱；少赊账，进好货；顺人心，熟行情；给对手，留后路，于自己，不绝路；善拐弯，会做人。

[三十六计]

履承诺，喜事多；顾客至，热情迎；价公平，客满门；持诚信，财广进；不欺诈，叟与童；买和卖，勿霸道；薄利销，生意隆；互竞争，相关爱；赚钱财，讲文明；扶弱势，救人急；聚钱财，开支省；薄自己，顾客尊；分文算，人不理；掐尾数，得人心；货到期，下货架，以促销，而保本；打折扣，抽奖励；会员卡，赢积分；送优惠，允退换；问不烦，拿不厌；足尺秤，信誉增；节假日，惠团购；换季节，稳亏盈；抓机遇，获万利；抢商机，分秒争；网上购，防上当；扬长处，互利赢；低档货，低利润；中档货，灵活价；高档货，高利润；卖当头，不卖尾；内细算，外谨慎；常督查，行风正；制度订，无疏亲；常换招，妙酬宾；做广告，法规行，利市场，益大众；假大空，严厉禁。

[六要领]

好而学，智谋多；监管严，财透明；员工好，看领导，大梁牢，小梁撑，领导贤，员工爱，荣辱共，企业兴；谋发展，质先行，砸劣品，海尔人[①]，温州鞋，火里拼[②]；创品牌，瞻前景；盈大利，诚为本。

[勿贩假]

且有人，昧良心，以造假，而为荣；贩毒姜，毒奶粉，毒胶囊，地沟油，瘦肉精，害国人，灭族种；查源头，上下紧，严法规，暗跟踪；以科学，强意识，联大众，抱成团，扫黑风。

[经商爱国]

经商者，国家亲。日本兵，进南京，大屠杀，首遭殃，是商人。国家败，华侨衰，人前后，矮三分；国家强，华侨强，人敬重，拇指伸。学徽商，学晋商[3]，好传统，应继承；走正道，路宽广；居高屿，铸商魂；商欲盛，赖国兴。

[经商八纲]

经商人，做明灯，照富国，照强民；要谋利，行义仁；心灵活，多变化；守法规，善用人；重诚信，熟行情；服务好，讲文明；欲竞争，倡互助；扶弱势，重济贫。

[招引顾客十秘诀]

营业厅，装饰美，常换新，货齐整；客进门，礼让亲，诱消费，细问询；来顾客，帮选购，不厌烦，贴其心；掐尾数，取整数，有足尺，有足秤；以平价，而销售，允调换，笑盈盈；热心卖，教使用，常奖励，消费群；逢节日，大促销，打折后，大以卖，小以送；明码外，暗码内，同类货，价持平；常发放，销售卡，有奖券，让其利，而分红；买卖货，多回访，热情接，热情送。

【典故释义】

①砸劣品，海尔人：1985 年的一天，有人在海尔总公司买台冰箱，挑了几十台，都有毛病。该公司掌门人张瑞敏得知后，将 76 台不合格冰箱（每台八百元）全部砸掉，重整旗鼓，提高质量。三年后，捧回中国冰箱行业

首块国家质量金奖。

②温州鞋，火里拼：1987 年某天，数万双劣质温州鞋，堆在杭州繁华地带武林广场，点火焚烧。上海一百货商场打出“本店无温州鞋”标志，温州鞋名声扫地。温州人得知后，提出“二次创业、质量治市”口号，两年后，质量明显提高，中国皮鞋工业协会正式授予温州“中国鞋都”称号。

③学徽商，学晋商：徽商，以安徽绩溪胡雪岩为代表，主张“贾道以儒，诚信为本”；晋商，以山西祁县乔致庸为代表，主张“财自道生，利缘义取”。这两家均把“诚信、道德”四字当作经商法宝，创造了明清商业史上三百多年的辉煌。

第32章 餐饮服务

[餐饮意义]

务餐饮，福人民：一热汤，添虎劲；一大馍，益生存；一火锅，治感冒；一豆浆，激爱情；一饮料，开心窍；一小炒，结知音；一米饭，暖大印；特色菜，成大亨；天下事，餐饮中。

[职工三十守则]

餐饮业，健康人，常检查，无疾病；患伤寒，患痢疾，患肝炎，传染病，活动性，肺结核，化脓性，皮肤病，速调离，选能人；衣整洁，洗换新；戴口罩，讲卫生；禁吸烟，拒毒品；忌发怒，和合群；性开朗，语温馨；成人美，不自矜；拾钱财，还失主；不济私，不假公；不是非，品端正；遵法规，服管理；知错改，守人伦；恶不做，众善行；求其真，踏实干；爱老幼，秉谦恭；动作快，不错乱；敬顾客，当亲人，礼貌待，情至真；爱客人，之所好，不假劣，不骗人；惜资源，优环境；铭公德，重义仁。

［服务十五好］

餐炊具，日三餐，三清洗，三消毒，三灭菌；窗墙门，桌椅凳，无污垢，无灰尘；地面上，无垃圾，无浊痕，各傢俱，摆齐整；无鼠痕，无蟑螂，无害虫；生食品，熟食品，食原料，分开放；售饮食，保无毒，无病菌，无寄生，之虫害，无腐败，无毒变，无杂质，客放心；添加剂，不超标；动物肉，经检验，方可用；蔬菜品，保新鲜，当日进，当日用；质变坏，禁止用；烧开水，要沸腾，隔日水，隔日汤，隔日菜，不可用；五谷粮，米和面，买优质，用多少，买多少； 荤腥菜，米面饭，火候到，做熟用；地方菜，多样化，巧搭配，重复用。

第33章 银行人

［八意义］

为国库，而经理；为国民，而运营；为个人，而储蓄；为强国，而富民；为社会，掌命脉；汇天下，稳金融；测风险，早防范；控信托，控股权，控债券，预测准。

［八严］

严自洁，严自律，严自谦，严自重，严团结，严守时，严守岗，严守信。

［八公开］

有政策，明大众；有效用，明功能；有服务，明质价；有优惠，事透明；有发展，明信息；有收费，项目清；有制度，明监督；有亏盈，稽核勤。

［十五要求］

营业时，善合作，少说话；注意力，高集中；三清点，钱和账；票证全，核对准；谁主管，谁负责，长跟踪，至终生；营业厅，规矩行，着好装，仪表正；看好柜，看好钱，看好账，看好门，看好事，存好心；爱系统，系统爱，阳光行，勿专横；不歧视，犯错人；知友爱，谦恭谨；教客户，防诈骗；担风险，先预警；高合力，虚假禁；单据证，字迹清；无错乱，章盖明；对得起，天下人。

［十五不准］

守法规，律令禁：禁非法，而贷款；拒担保，不单位，不个人；止泄露，国机密，商机密；勿擅自，乱发行，动基金；严堵绝，以贷款，而转存；以存贷，互挂钩；以贷款，而收费；以乱浮，而到顶；巧转嫁，降成本；乱抵押，贱作卖；赖皮账，而滚筒；无头账，巧立名，不盲目，而创新。

［十五零容忍］

古至今，银行内，有蛀虫，潜规则，暗箱合，零容忍：真作假，假作真；账里账，忽悠人；呆滞账，坏死账，辣椒账，空国家，肥私人；掐尾数，掐利息；灰条例，乱转存；乱破产，乱回扣；乱收费，乱法规；乱兼职，乱整人；洗钱财，拉皮条；巧伪造，妙变造，人民币；偷买卖，剽持有，窃运输，骗使用，假货币，乱市场，害人民；欺自我，而膨胀，而循环；设门槛，拉郎配，设陷阱；不定期，严审计；规范化，办金融。

［**十心态**］

好心态，服务民，微微笑，荡春风，视客户，当至尊，奉热心；百之问，而不厌，百之解，有耐心；客存钱，当自愿，取自由，存有息，保机密，讲诚心；选投资，而分红，利客户，善细心；耐疏导，小溪水，流大河，入大海，为国家，载大轮，树雄心；谋发展，促繁荣，保稳定，有决心；语言美，行为美，道德美，环境美，愉悦心；战灾难，抗祸患，救生命，献爱心；勤学习，业务精，优素质，不畏难，进取心；脚踏地，望星空，奋实现，中国梦，见齐心！

第34章 保险人

［保险二十纲］

保险人，素质优，灵魂纯，贤人德，圣人心，烈火情，君子品；敢为国，敢为家，聚钱财，助建设，固一统，担风险，抗灾难，救生命，护平安，脱贫困，拓发展，促繁荣，维稳定，担大任。

［保险十五理］

诸保险，标的明[①]，理好财，理好人，理好心，理好命，理好账，理成本，理合同，理风险，理时间，理地址，理事故，理信用，理民急，理国运。

［理财二十四方］

保费低，多品种；保险高，利竞争；保率稳，惠民生；保单表，细而明，少纠纷；保险员，知时务，常培训；勤考核，而晋级；帮后进，奖先进；服监管，守法规；循环旗，轮流争；会洗脑，不乱真；巧瞄准，好客户，察其色，听其声；大小账，精细算；腿跑勤，劝耐心；选险种，讲特点，卖其好，择其精；以抛砖，而引玉；以击西，而声东；填保单，细细问，不能骗，不能哄；成交后，手续全，印章全，签字全，反复审；防骗保，允退保，履诚信；以政策，唠家常，多回访，知内情；情到位，心到位，人为本；若犯错，即纠正；以行动，以事实，急其急，投保人。

［理赔十四要］

要理赔，信息真，重证明，重评估，重鉴定，查现场，查时间，查物证，查影像，查损失，查原因，无错讹，立即办，快齐准②，绝不留，后遗症。

【典故释义】

①标的明：保险业的专业术语。

②快齐准：时间快，档案齐，数额准。

第35章 从军

[八义务]

服兵役，国法定，尽义务，职神圣；保家国，兴古邦，固一统；治社会，安秩序，维稳定；守和平，反恐怖，反侵略；强盛世，担道义，昌国运；护基业，防犯罪，福人民；护民权，保民主，富民生；护国旗，扬国威，礼国徽；促经济，快发展，大繁荣。

[八作风]

顶天地，行天职，扛大旗，虎步行；从命令，抗灾难，闯头阵；惩邪恶，明是非，立场坚，爱憎明，扬正道，肝胆奉；承传统，三纪律，八注意，铭刻心，国法规，严遵守，见行动；敬首长，睦战友，广团结，倡批评，乐艰苦，灿青春；亲百姓，军爱民，民拥军，子弟兵，鱼水情，行使命；官和兵，持平等，谦恭谨，相互爱，若弟兄，共死生；学科学，钻技术，练本领，示忠诚，示勇敢，示精武，示善战，铁血汉，能打仗，打胜仗，过得硬！

[八高大]

眼高见，身高洁，心高尚，品高贵，志高远，神高雅，德高质，言高明。

[八师威]

大熔炉，铸大鼎，威武师，文明师，仁义师，先进师，钢铁师，胜利师，铁纪师，善战师，敌天下，逞豪雄！

家庭美德篇

第36章 治 家

［六原则］

家治好，兴和谐，融温馨，振家声，扬家风，人为本，固一统。

［十律］

治好家，举一人，统一心，亲友善，止邪恶，守法规，强家国，弘博爱，公私明，事民主，君子行。

［十要］

礼治人，孝治根，德治心，知五常，晓人伦，树理想，有信仰，诚守信，敢创新，正道行。

［二十策］

爱生命，活精彩，强素质，健身心；立家规，从国规，大家议，集体订；倡移风，而易俗，信科学，破迷信；拒暴力，忌霸道，怜弱小，慈悲行；事能行，则实行，不能行，勿强行；婚姻事，自做主，喜忧事，节俭行；励读书，兴文明，创事业，艰苦行；大小事，有分工，明责任，定到人；办企业，慎投资，赚钱财，讲良心；出问题，敢承担，不欺侮，畅批评；善忍让，能退进，有得失，勿相争；家秘密，勿外传，人隐私，莫过问；允犯错，准改过，耐疏导，慎追根；进家门，有温暖，互关爱，情至真；家庭账，常公开，互信用，心贴心；全家人，讲平等，互宽容，勿私奔；风雨舟，甘苦共，福同享，利共赢；荣与辱，命与运，共大计，守同盟；强盛时，勿骄奢，失败时，脊梁硬；举旗帜，传清白，爱天地，优环境。

第37章 营造美满幸福家庭

［八纲］

融美满，融幸福，好家庭，倡文明，兴和谐，崇美德，互包容，从家主，三让贤[①]，铸宝典，振家声，高风传。

［二十四有］

人入门，有温暖，港湾进；人生死，有主管，家是山；人成长，有大爱，家若船；人归宿，有蓝天，梦可圆。家兴旺，人之本，有仁义，常清扫，常修补，常装饰，常加固，换新颜。出问题，有保障，抗灾难，避风险。家人正，不邪见，有沟通，有互信，有良知，肝胆照，苦也甜。有分歧，不争吵，不怨言，明观点。有隔阂，止愤怒，多论证，而统一，而折中，而妥协，而改变。

一切人，一切事，有规矩，有方圆，有约束，有奖惩，有距离，有亲密，有空间，有分享，有担当，有赞美，展画卷。树有根，枝叶连，远与近，浓情缘。有过错，不宣传，允改正，不纠缠。小温馨，融大福，有矛盾，释前嫌。全家人，同进步，互带动，正能量，永向前；

【典故释义】

①三让贤：大禹三让其贤得天下。

第38章 夫妻和合

[和合十意义]

夫妇义，结同心，敬为美，比坚贞；千金诺，终身定；荣辱共，不拜金；无怨悔，效青松；命已认，心领情；互敬让，相帮助；互依靠，莫欺心；互宽容，知自明；互诚信，戒疑心；互关爱，恩长存；互恩惠，铭寸心。

[和合十四要]

争好坏，有何用？一眨眼，白头人；争高低，有何用？随缘笑，乐一生；争输赢，有何用？糠与米，稻粒共，同受轧，痛苦分，糠护米，当本分；米为糠，几分心？小失误，铸大错，好感觉，大事明；难念经，成就人，无所谓，有所成；扬夫德，助妻能；有争吵，莫揭痛；有无理，让几分，谁无错？谁无过？天和地，无全功；圣贤者，无全用；为人者，知自明，互宽容，莫伤人，自尊心；会受气，会争气，和生福，忍光荣；宜家室，尽责任，活亮丽，纳彩虹；每日晨，起床想，早上班，多奉献；夜晚到，亲人盼，团圆宴，早回程；远与近，家在线，勿乱跑，莫走神；糟糠妻，贵如金；为人妻，六德铭[①]：曰柔顺，曰清洁，曰不妒，曰俭约，曰谦恭，曰勤劳，尽义务，力从心。

[**和合七榜样**]

夫妇贤，岁月明：妻爱夫，敬齐眉[②]；夫爱妻，画眉容[③]；还夫债，武秀君[④]；断机杼，夫志成[⑤]；周恩来，爱颖超，八互定，留美名[⑥]；谢延信，爱亡妻，卅三年，负重任[⑦]；罗映珍，爱丈夫，守日夜，见坚贞[⑧]。

[**和合十高风**]

妻贤淑，夫无祸；妻敬夫，夫多情；夫宠妻，妻自珍；妻宠夫，托日升；夫为家，顶梁柱；妻相夫，港湾城；风雨舟，肝胆共；同林鸟，影不分；知足乐，福融融；知荣辱，日日春。

附：夫妻和合箴言

丈夫篇

1. 女人在家无所谓，不在家时活受罪，要把自家女人当宝贝。

2. 男人应该深深认识到：能公开陪到最后是自家女人，饥饿冷暖关照也只有自家女人，生老病死全靠自家女人。所以说，天大地大还是自家女人大。

3. 男人对待自家女人要有良心，因为她年轻时的娇艳妩媚给了自家男人。

4. 女人精明，男人当以为荣。男人有时应当装点傻，装点糊涂，让女人展示风采，发挥才能。

5. 要鼓励自家女人说话，无论对和错，都要听到底，不得发脾气。

6. 古人云："人前教子，枕边教妻。"男人勿在外面说自家女人的不是。若说不是，自己搬石头砸自己。

7. 男人要学会让女人，有理要让，无理更要让，让到最后和颜悦色谈短长。

8. 女人无奈哭，男人聪明哄。微微笑，拍拍肩，表表态，下不为例做好人。

9. 女人有理无理骂男人，男人要忍，忍，忍，嬉皮笑脸奉热茶，洗水果，拿点心，话幽默，逗得女人哭笑不得。

10. 男人不要一个劲的给自家女人讲道理。家是讲爱讲温馨的地方，应该多说自己的过错，才是真爱。

11. 男人有脾气正常，但要适可而止。女人让了，男人不能再吵。

12. 男人是女人的保护神，多谅解，多同情，莫争输和赢。

13. 好男莫和女斗，好女君子所求，居安思危，得妻思辱。

14. 人非圣贤，孰能无过？有错不改，掘墓自埋；知过即改，好汉风采。

15. 做好男人当顶天，责任担当女人前。

16. 种不好庄稼苦一年，娶不好女人苦一生。

淑妻篇

1.女人能顶半边天，敢于担当挑大山。

2.女人要有女人样,温柔贤惠好心肠,是是非非不计较,勿去盲目追时尚。

3.女人要坚守十好：怀胎生孩好心态，有方教子好母亲，勤俭持家好内助,忍辱负重好德性,端庄大方好形象,宽容开朗好人品,整洁家室好习惯,人来客往好心情，遵纪守法好榜样，清清白白好女人。

4.女人掌控家庭要学会君子作风。

5.女人要自觉维护男人威信，不疑神疑鬼，不乱说乱行。

6.许多女人生理心理特点：疑心多虑，妒心多鬼，目光不远，见识短浅，知而改之，和美慧贤。

7.好心女人欢乐多，风流女人苦难多；妻贤夫祸少，大善断恶魔。

8.倔强好胜的女人,里里外外,苦撑苦拼,伤痕累累,有谁同情？示点弱，让点步，不吃亏。

9.有才能的女人，在家莫逞强，处事蛋黄派，知知而不知，欢乐活自在。

10.女人要守本分，尽本分，本分之事不要他人问。

11.女人当装傻时要装傻，当顶嘴时要顶嘴，当赔礼时要赔礼。这就是真爱无私，大爱无限。

12.女人不能有意无意挑剔男人。挑剔习惯了，男人会冷酷无情，心猿意马而走神。

13.女人不要一心想着征服男人，越想征服越不服。要想征服男人，首先学会征服自己。

14.女人嫌男人不优秀，得先想想自己有多优秀，自己不是达人秀，为何强求男人达人秀？

15.男人动怒勿相争，去请知音解疑云，和和气气奉茶水，戏说逗玩笑开心。勿私奔，私奔留话柄，以法而护身。

16. 自重自爱自信是做好女人的砝码。

夫妻和合总篇

1. 孤阴不生，独阳不长，天地配阴阳，地久天长；夫是天，妇是地，夫妇和合比高尚。

2. 夫妻是碗，情人是菜，菜留久了腐烂，碗留久了是文物，人人爱。

3. 夫是树，妻是藤；树兴旺，藤茂盛；树衰败，藤死根。

4. 做屋要开门，做人要开心。做夫妻要相互体谅包容，莫争好坏与输赢。

5. 夫妻两人，都要把自己当做白开水，勿当高度浓香酒。这样才能相濡以沫，偕老白头。

6. 家庭黄金准则是男女平等。人们就餐取筷，谁都想用“长短一致、粗细一样、颜色相同”的筷子。懂得这个“筷子平等定律”，一切事情都好办。

7. 男人会哄，女人会捧。捧捧哄哄，家务莫分，谁有空，谁来做，互谅开心。

8. 男人满足女人撒娇，女人满足男人坐轿，自由自在人不老。

9. 夫妻恩爱，学会以大度弥补伤害；以自省酬谢谅解，以互信冰释疑猜。

10. 婚前看重对方优点，婚后看重自己弱点，恩爱牵手到永远。

11. 夫妻和合一条心，家里家外沐春风，白菜豆腐香喷喷。

12. 执子之手，与子偕老。互信宽容，责任到老。

13. 夫妻一家顺，贫富一家亲，强弱一家爱，生死一家命，荣辱与共家自兴。

14. 水中月亮假，天上月亮真，贪求真月亮，先洗自我心，自我无污垢，和合如月明。

15 男好女不好，天天有争吵，女好男不好，家庭马上倒，男好女也好，发家发福早。

16.男人少管女人事，女人少管男人事，不该管的事不要管。不管而管，烦恼不断；倒挂隐私，家庭不乱。

17.真爱者，贫富牵手，患难同行；假爱者，海誓山盟，骗金诈银；擦亮眼睛，识辨妖精。

18.男人一半女人情，女人一半男人心，合二而一无纷争。

19.夫妻小事斤斤计较，大事会糊涂乱套，家庭危机，马上来到。

20.忏悔过错，可以起死回生；认识过错早早改邪归正。男女学会，可破坚冰。

21 小洞不补，大洞一丈五。家庭小事不解决，大事闹不歇。

22.和气生财，争斗生灾；积善家旺，暴力家败。

23.夫妻勿吃过头饭，恩爱坚持谦和让。

24 互信互尊互让互爱，是夫妻和合的基石。

25.夫妻办事，有商、有量、有情、有理、有法、有度，没有过不去的坎和沟。

26.女人温柔，男人刚强；男人温柔，女人刚强，刚柔相济，长发其祥。

27.夫妻敛财，身上钉钉；夫妻重情，甜美一生。

28.武人不打不相交，夫妻不经挫折不可靠。

29.强女不能嫁强男，强男不能娶强女，一山不容二虎。

30.半斤配一斤，幸福一生，一斤配一斤，迟早要分。

31.家丑不可外扬，外扬家丑家不旺，丑话要在枕边讲。

32.夫妻你怕我，我怕你，互相监督不为耻。但勿步入雷区，谁服谁，当有理。

33.男人勿给女人穿小鞋，女人勿给男人穿小鞋，穿上小鞋风暴来。

34.不管什么事，不要一追到底，一追到底感情防线会决堤。

35.谈婚论嫁，生儿育女，立业成家，成败也罢，好坏也罢，人生总要有个归宿，无视归宿轻蔑自己，不如虫蚁。

36. 夫妻隔夜本无仇，恩爱多年甘苦守，气纳气消生锦绣，糊涂学会不糊涂。

37. 家庭要太平，一个讲退让，一个讲牺牲，都想赢，谁该输？赢者输了感情，输者则是伤痛，何苦那么较劲？

38. 家庭最大不幸是赌博。沾不得，沾了败身废业；染不得，染了家庭破裂；成瘾，等待命绝。

39. 世间万事万物有点空间才能生存，夫妻间有点空间才能亲密，没有一点空间迟早会分离。

40. 夫是秤砣，妻是秤杆和秤心，儿女是秤钩，世事是秤纽，乾坤秤上压，心是平衡咒。

41. 女人从出嫁那天起，应当将生命的一半交给男人，男人同样以生命的一半交给女人，才能成立一个好家庭。男女另一半生命要坚守自尊自重自信，自强不息做个好公民。

41. 乐极时，勿生悲，不能钻，牛角尖，越去钻，越生怨，惹魔缠，被魔咽。

【典故释义】

①为人妻，六德铭：语出北宋司马光《家范·妻上》：“为人妻者，其德有六：一曰柔顺，二曰清洁，三曰不妒，四曰俭约，五曰恭谦，六曰勤劳。”

②妻爱夫，敬齐眉：东汉梁鸿之妻孟光，貌丑德高，每次用餐，均将饭菜之盘举到齐眉高度，以示对夫之敬。

③夫爱妻，画眉容：西汉京兆尹张敞，天天为妻画眉梳妆，以示亲爱之意。

④还夫债，武秀君：武秀君，辽宁省本溪满族自治县南甸镇滴塔人，丈夫车祸而亡，她利用五年时间偿还丈夫所欠他人270万元债务，赡养年迈公婆，养育幼小子女。

⑤断机杼，夫志成：东汉乐羊子求学未成而归，其妻砍断刚织一半的布，启发乐羊子完成学业，后返校学成。

⑥周恩来，爱颖超，八互定，留美名：周恩来于1925年8月与邓颖超结婚时，双方订立“八互”之约：“互敬，互爱，互信，互勉，互助，互让，互谅，互慰。”他们成为国人夫妻恩爱、白头偕老的典范。

⑦谢延信，爱忘妻，卅三年，负重任：河南省焦作市工人刘延信，21岁与同村同龄姑娘谢兰娥结婚，婚后一年，谢兰娥病逝。刘延信为忠于爱情誓不再娶，并主动去亡妻娘家挑起家庭生活重担，改姓谢，照顾亡妻父母及智障兄弟，长达33年之久。

⑧罗映珍，爱丈夫，守日夜，见坚贞：云南省永德县民警罗金勇与三名毒贩搏斗，受重伤成了植物人。其妻罗映珍日夜守护700多天，含泪写下600多篇日记。在罗映珍的精心照顾下，罗金勇最后醒来并康复。

第39章 为人父母

[生儿育女知光荣]

为父母，天地心；生儿女，启后昆；荣家国，载希望；琢其玉，美其心；尽其义，树高风。

[爱儿爱女同样心]

男和女，同样心；女孩慈，善解意，爱父母，最热心；男孩孝，奉温暖，生病死，尽责任；手背肉，手掌肉，共筋脉，十指头，长和短，皆连心；育儿女，苦以养，经风雨，锻身心；庭院里，难以养，千里马，温室里，栽不活，万年松；为儿累，当奉献，命以共，无量功。

[教子义方]

义方教，莫体罚；戒奴化，洁心灵[1]；教儿女，先教己；身作则，当友朋；优质诲，重启蒙；有问题，细疏导；有成绩，应鼓劲；有特长，该欣赏；有苦恼，慰其心；好习惯，帮养成；明是非，教做人。教之道，德以行；以艰苦，而励志；勿以富，宠儿孙；教自理，劝自立，引自爱，勉自重，助自强，找自信，还儿女，自尊心；学习时，尽其力，奖精神；拼其命，挫后劲，智多元，慎论分。

[教子典范]

穷明道，圣人训：孟轲母，育子贤，三迁居[2]，茹苦辛；和苦丸，敦高品[3]；餐大馍，练志诚[4]；陈玉蓉，捐肝脏，救子命[5]；阿里帕，育群孩，母爱真[6]；新世纪，好父母，千千万，为家国，育人才，奋终身。

【典故释义】

①义方教，莫体罚；戒奴化，洁心灵：《温氏母训》：“儿子是天生的，切非打成的。古人云：棒头出孝子。不知是铜打就铜器，是铁打就铁器。若把驴头打作马面，有是理否？”教育要讲究平衡。不论是太极图案还是家庭关系，都要“阴阳平衡”，不平衡则出差错。换句话说，即“刚柔相济”。如果父母只刚不柔，孩子就可能会产生叛逆心理，或抑郁痴呆，或灭亲自杀，或离家出走；如果父母只柔不刚，孩子则可能会无法无天，不能艰苦奋斗，不能自拔自救。故而教育孩子要动静搭配，刚柔相济。

人不是天生的，好坏受环境影响的。先天是父母基因，后天是家庭、社会、学校与交朋结友。孩子出问题，应查后天家庭、学校、社会、朋友圈四方面原因，然后对症下药。一般来说，教育孩子先柔后刚，先礼后兵，切不可把个别特殊有效做法（体罚）当经验推广。体罚，既伤害孩子身心，又伤害父母自己。

父母切不可把孩子复制成自己的模样，切不可违背孩子好的兴趣和意愿。父母心态要一切随缘，一切尽力，一切善教，一切从优；不可放弃，不可恶行，不可不管，不可攀比。

体罚是侵犯人权的违法行为。《宪法》《刑法》规定不准体罚孩子。我们为人父母要坚决执行。

②孟轲母，育子贤，三迁居：孟子母亲为了儿子成才，三迁住所营造环境，曾断机杼立誓要把儿子培养成有德有才之人。

③和苦丸，敦高品：唐代柳仲郢之母以熊胆和丸教子成才。

④餐大馍，练志诚：香港首任行政长官董建华家世代为亚洲船舶制造大王，他读中小学时，父母不许他坐车上学回家，要他步行往返，中午吃馍。

⑤陈玉蓉，捐肝脏，救子命：陈玉蓉，2009年“感动中国十大人物”之一。湖北武汉市55岁平凡母亲陈玉蓉之子叶海滨患恶性肝病，母亲将自己的肝脏移植给其子叶海滨。

⑥阿里帕，育群孩，母爱真：2009年“感动中国十大人物”之一阿里帕·阿力马洪，新疆清河县维吾尔族妈妈，十多年来，义务收留供养贫困儿童数十名。

第40章 勿中流行观点毒

流行语，勿乱听；青少年，之教育，起跑线，而挑战，斗输赢，竞比拼，误人生[①]。九年制，义务期，奠基础，夯实深；基不稳，楼倾倒，山动摇，险重重；慢宽活[②]，经中经，包容广，止冒进。人生路，乃长途，之旅行；短跑赛，接力棒，而冲刺，违教育，之规律，之循序，之渐进；投机人，猫腻行，编谎言，吓家长，骗孩童，拼爹娘，而敛财，而经营，辅导书，辅导费，而培训，而加班，连环阵，地雷阵，整学生；糊涂人，而好胜，严要求，栋梁用，多才能，劳日夜，压学生；大小商，以攀比，之心理，激家长，而陪读，建楼群，吃喝住，配套新，乱学生；学区房，坑家长，害学生；大小店，围学校，高消费，腐学生；陪读人，如监工，念排名，紧箍咒，逼学生；里里外，不自由，施重压，气学生。成事天，谋事人，无迹行；唯逆境，锻炼人，出精英；

儿孙事，儿孙办，岂能代？越攀比，越受累，越受罪，煎苦衷；请国人，快觉醒，顺其意，随其缘，助其善，扬其长，勿乱心。

【典故释义】

①起跑线，而挑战，斗输赢，竞比拼，误人生：20世纪八九十年代，中国教育界流行着“别让孩子输在起跑线上”的说法，毒害了几代人。人生本来是长途旅行，怎能说是百米冲刺短跑呢？它完全悖逆了孔子“循序渐进”的教育真理。这个观点出炉后，迅速加剧了家长间的“军备竞赛”，且层层升级，奥数班，语数外，音体美，琴棋舞书画展以及中小学“金点子”加班考试排名培训事，风起云涌，各种辅导资料书籍，如山一样压着学生，累得学生身心俱损。

这种无奈无情无期的攀比陪读和迷信择校浪潮，此起彼伏，与“家不家业不业”的拉锯战，成正比例发展，把人折磨得死去活来。父母为此苦熬苦撑十几年的陪读攀比，其代价犹如一座座高山沉没在深深大海之中，无法自拔。

②慢宽活：慢，以包容广大久远之心而循循善诱，细致耐心启发学生学习，通达知识的彼岸；宽，以德、智、体、美全面发展素质教育而拓宽学生视野，健康学生心态，成就学生希望和理想；活，以灵活多样的教育艺术方法，去激励学生兴趣而乐学好学，自觉接受教育，造就有用人才。

第41章 关爱孩童

[关爱孩童十诀]

爱孩童，健体魄，强素质，育精神，促和谐，护生灵，爱生命，培善根，利分享，明品德，正道引。

[关爱孩童六做好]

身患病，立刻诊；耐教养，循序进；勿打骂，莫蛮横；孩子事，顺其心；有创造，助所成；激兴趣，教窍门。

[关爱孩童四知]

学龄前，助成长，做孩童，保护人；上小学，教孩童，会学习，引路人；上初中，懂孩童，促自主，交友朋；进高中，升大学，信孩子，立大志，树理想；善选择，帮咨询，查信息，当参谋，成能人。

[关爱孩童十二方]

管在理，爱在心；错溺爱，误终生；暴力爱，扭灵魂；留空间，让权利；磨隔阂，多沟通；严教后，倍之亲；优习惯，律于行；有恶行，即劝诫，多疏导，作友朋；有娇嗔，莫乱从；有困难，速解决；有害书，劝而禁；有益书，读之精；宽为限，紧用功；工夫到，滞塞通[①]；孩子事，有能力，教自理；学踏实，玩开心；授礼貌，传文明；解是非，拓诚信；昔曾子，杀猪急，戏言真，诲儿孙[②]；教之养，心信行；蜀刘备，惯阿斗，不学文，不习武，吃玩乐，惰意志，懦无能，受欺凌，被魏吞。百年计，血教训，重教育，育儿童[③]。

【典故释义】

①宽为限，紧用功；工夫到，滞塞通：语出《弟子规·学文》。

②昔曾子，杀猪急，戏言真，诲儿孙：春秋时，曾子之妻赶集，其子追着要去，妻哄子曰："别去，回来我杀猪给你吃。"妻回来后，子要杀猪，妻不从。曾子知后，将猪杀了，与妻说："大人说话不算数，往后怎么教育孩子去诚信做人啊！"

③蜀刘备，惯阿斗，不学文，不习武，吃玩乐，惰意志，懦无能，受欺凌，被魏吞：三国时期蜀主刘备，一生南征北战，东伐西讨，却忽视了对其独子阿斗的教育，只知道溺爱惯养，不教阿斗学文习武，任其吃喝玩乐，导致阿斗意志衰败，懦弱无能，最后被曹魏所俘，做了亡国奴。

第42章 义方教子铭

［义方教子意义］

强国家，振复兴，从孩童，而植根；安天下，先树人，百年计，育孩童；教有方，孩文明，事有成，栋梁用；教无方，出废品，产毒品，祸人民，乱社会，不安宁。

［义方教子行］

有活动，参加勤，锻炼孩，能力增；快乐孩，助兴趣；办事孩，促细心；敢闯孩，鼓志气；好问孩，励创新；内向孩，激开放；外向孩，教宽容；勤奋孩，教方法；拔尖孩，倡虚心；自强孩，给毅力；务实孩，戒虚荣；穷养孩，知荣辱；温暖孩，懂报恩；调皮孩，调皮治；会玩孩，赏聪明；获奖孩，学低调；弱智孩，勉自信；逆境孩，多抚慰；失意孩，勿批评；人从小，爱公益，有理想，有信仰，有良心，有亲情；以善言，以德行，以自律，严家教，优豁达，优素质，健身心，奖共赢。

［错教不可行］

富养孩，惰意志；奴役孩，积孤愤；娇养孩，心脆弱；劳累孩，常患病；威胁孩，胆怯懦；打骂孩，逆反动；溺爱孩，穷依赖；纵容孩，野蛮横；敬宠孩，事故多；高压孩，易失控；贪财孩，不知耻；哄骗孩，恶做人；微小恶，成大害，水滴石，穿窟窿；蚁毁堤，一阵风。

第43章 妇女

[八伟大]

爱家国，好德行；谦恭谨，好人品；笃忠诚，好榜样；淡富贫，好作风；雅环境，好习惯；怀胎儿，好心情；人批评，好情趣；清清白，好女人。

[八纲领]

步稳重，洁自身，性温和，知自明，革陋习，兴文明，不是非，品端正。

[八义务]

贤相夫，恭弟兄，德益子，睦亲邻，善待客，孝老人，爱整洁，乐助人。

［八要求］

交益友，持俭勤，守法规，爱生命，不迷信，止恶行，敬职业，宽容人。

个人品德篇

第44章 和睦近邻

[三意义]

近处邻，树枝叶，枝无叶，树难活，叶无枝，难生存；枝叶茂，树高龄，爱枝叶，爱近邻，家鼎盛；近邻好，人缘好，互珍惜，互依靠，防护城。

[四作用]

年复年，月复月，日复日，夜复夜，出出进，雨雨风，火火红，败与成，衰与荣，同蓝天，共地名；胶漆粘，身随影，影随身；十指头，心连心；随其缘，睦近邻。

［二十四原则］

兔不吃，窝边草；鹰不犯，窝边禽；美而美，家边景；亲而亲，门挨门，门对门，楼挨楼，栋连栋；远处亲，难救火；解灾祸，靠近邻；钱财物，应分明；亲友邻，君子行；有幸福，邻共存；有忧愁，邻先分；家家好，才算好；一家好，有何用？脑后毛，摸得着，看不着；未来事，好与坏，谁保证？朱门里，出饿莩；茅棚里，出公卿；汉刘邦，青年时，似无赖；朱元璋，少年时，乞讨人；谁无灾？谁无痛？人无情，我有情；积点德，给儿孙；过去怨，一根筋，拧何用？狗咬人，人不能，去咬狗；解怨结，释前嫌，以大爱，化冰冻；君子德，人爱人。

［十二方］

天天见，问问好，答答腔；谈谈心，握握手，叙叙情；邻有难，解困难，争主动；邻有事，帮策划，献殷勤；邻有喜，去鼓励，相贺庆；有矛盾，当面说，互批评，担责任，勿揭痛；允犯错，准改过；互谦让，互宽容；邻家孩，逗逗笑，玩开心；邻家老，当己老，礼貌敬；邻有丑，禁外传；革陋习，破迷信，讲卫生，共营造，好环境。

［六纲］

尊人格，礼之用，和为贵，守法规，恶不做，众善行。

第45章 兄弟姐妹姑嫂妯娌

兄妹间，姐弟间，姑嫂间，妯娌间，一根藤，开的花，结的瓜，同命运，共成长；手和足，连一体，同一心，走天下，解危难，兄弟家；打断骨，连着筋，拉不动，摧不垮；胳膊肘，勿外拐，窝里斗，外人压；有灾难，兄弟急，姐妹急，救生死，可荡产，可倾家；家外人，谁牵挂？跑趟路，给瓶酒；传句话，赏西瓜；互不和，势孤单，人耻笑，疮疙瘩；互相和，势力大，人敬畏，当宝塔；亲兄弟，明算账，借财物，当偿还，吃得亏，沾得光，互自觉，做除法；相互暖，相互帮，做加法，做乘法；看粉面，看粑面，高姿态，化矛盾，做减法；一家好，不算好，家家好，才算发；遇强盗，而争死[①]；分财产，得最差[②]；汉姜肱，三弟兄，各成家，常同榻[③]；宋太祖，灼其艾，分其痛，传佳话[④]。

【典故释义】

①遇强盗，而争死：西汉末年天下大乱，赵州有一乡绅赵礼被强盗捉去要被杀死，哥哥赵孝得知，前去替死，感动强盗不杀，放走赵氏兄弟。

②分财产，得最差：东汉薛包与弟分家时，选择年老体衰佣人和最差的田地财产。

③汉姜肱，三弟兄，各成家，常同榻：汉代姜肱兄弟三人友爱同心，虽然各自娶妻立家，仍经常睡在一起交心论事。

④宋太祖，灼其艾，分其痛，传佳话：宋太祖赵匡胤的弟弟病了，太祖亲自为弟弟赵匡义治病，弟弟疼痛喊叫，太祖取其艾烧自己的皮肤而分痛，弟弟感动得流泪不叫痛了。

第46章 戒贪

[贪之根]

贪欲过，祸无穷，利欲炽，进火坑；小贪惯，大贪瘾，大贪利，小贪根；贪腐人，如入席，鳗鱼刺，哽咽喉，吐难吐，吞难吞；非分利，恶瘤肿，开刀治，苦吃尽，千夫指，痛终生。

[贪之苦]

东窗事，终会发，微妙变，难脱身；后悔药，何处有？偷揭秘，知情人； 上船易，下船难，鼠钻仓，谁过问？人爱财，当有道，不义财，手莫伸；贪越多，债越沉，沉泥坑，自掘坟；物之欲，财之欲，名之欲，情之欲，知而足，天堂路，不知足，活地狱；菜里虫，菜里死，菜里烂；河边湿，脚穿鞋，要留神；官落马，亲朋冷，情义薄，家不安，众离分。

[贪之警]

为官者，民父母，贪钱财，贪美色，负罪责，谁能忍？官清白，人轻松；不清白，热锅蒸；劝贪者，快觉醒，守本分，安清贫，有风浪，心不惊；非俭者，难养廉，非廉者，难养德；钱和财，来去清，扶亲朋，爱儿孙，重言教，重善行，重守法，律自身①，不虚假，乱贸易；不贿赂，赌人情；汉刘宠，污不染，钱投江，水至清②；包文拯，端砚好，不动心③；方志敏，理万金，两袖清④；周恩来，无存款，万人钦⑤。贪之心，人人有，时自警，非分财，非分物，不养身；拒腐败，远邪恶，勤廉政，铸德鼎，万众钦。

【典故释义】

①扶亲朋，爱儿孙，重言教，重善行，重守法，律自身：《太上虚皇天尊第四十九章经》："赠人以财，不若赠人善言；黄金为贵，用之则穷；善言于心，终身为宝。"

②汉刘宠，污不染，钱投江，水至清：东汉末年，官员贪污腐败成风，唯会稽太守刘宠清正廉明，日无百姓报案，夜无犬吠盗贼。朝廷得知，提升他为管全国钱粮的官，广大百姓闻讯泪别，许多老人凑钱给他做途中茶水费，他婉言拒绝，老人发怒，他无奈收下。行至江边，他含泪将那钱袋抛入江中，告之天地神灵，盟誓清廉终生。迅即，此江浑浊之水慢慢清澈见底，后人取名为钱清江。

③包文拯，端砚好，不动心：典见《宋史·包拯传》："徙知端州，迁殿中丞。端土产砚，前太守缘贡率取数十倍以遗权贵。拯命制者才足贡数，

岁满不持一砚归。”意思是包拯在端州（今广东肇庆）做知州时，此地向来出产一种做砚台用的名贵石头（端砚）。从前在那地方做官的人，都借着进贡皇上的名义，总要多取几十倍，拿去送给朝里面有势力的人，而包拯叫砚工只要做到进贡的砚数就够了。等到他离任的时候，也不曾拿一块砚石回去。

④方志敏，理万金，两袖清：方志敏，1899年8月出生，江西省弋阳县人，中国共产党早期领导人之一。1935年1月29日被俘。被俘时，国民党士兵搜遍方志敏全身，除一块怀表和一支钢笔，没有一文钱。

⑤周恩来，无存款，万人钦：周恩来总理一生廉洁奉公，无存款，无子女，高风亮节，他逝世时联合国为他降半旗致哀。

第47章 戒赌

是神仙，赌成瘾，只会输，不会赢[①]；输或赢，不会富，终会穷；以投机，夺钱财，玩术数，心何忍？挖人墙，补己洞，挖得凶，洞越深；悲剧闹，无人怜，亲与友，气离心；赢是糠，输是米，输与赢，无人情；赢欢笑，输泪涌，鬼不鬼，人不人；家败亡，知多少，输到头，命当粪；赌博场，无父子，好亲友，变仇人；上赌场，进法场，刀枪见，血淋淋，伤身体，苦难言，误岁月，受欺骗，苦泪吞；奉劝君，洗金盆，享安宁，闯前程。

【典故释义】

①是神仙，赌成瘾，只会输，不会赢：中国谚语：久赌神仙也会输。

第48章 戒惰

人懒惰，事无成；恶劳动，意消沉；生活苦，冷冰冰；害家人，受连累；人前后，矮三分；人越懒，越悲观，家多灾，身多病；依赖人，依赖国，如朽木，寄生虫，生难死，死难生，窘迫境，谁同情？请懒者，快猛省，当自强，树雄心；改懒习，奋砥砺，闯关隘，定当赢。一分汗，一分利；十分利，十分勤；刘永好，做饲料，历艰辛，成富翁①；恭诸君，戒懒惰，后居上，指日升。

【典故释义】

①刘永好，做饲料，历艰辛，成富翁：刘永好，男，汉族，1951 年生。中国著名民营企业家，中国饲料生产大王。他小时候，家贫如洗。改革开放初期，他放弃公职从事家禽养殖，后转型发展饲料企业，历经 20 年艰苦奋斗，成为 90 多家企业老总，1500 多名员工的新希望集团的掌门人。先后

被评为“中国十大改革风云人物”“中国十大扶贫状元”“2002年中国十大金融风云人物”，还被美国《商业周刊》评为2000年“亚洲之星”。

第49章 戒邪淫

爱美心，人皆有，情之欲，人本性；凡是人，当自重，勿乱想，莫邪淫；人若犯，破家庭；见美色，勿失控，若越轨，人财空；有钱玩，是根葱，无钱时，不认人；唯丑妻，敬夫主；谁见过，美男女，哭情人？嫖和娼，伤身体，一失足，千古恨；得性病，无法治，传儿女，岂忍心；气受尽，无处诉，家难归，闹离婚；老病死，谁来问？最可靠，自家人； 为人者，知羞辱，勿以命，赌人生；节淫欲，健身心；礼之用，留美名；路女宿，夜不寐[①]；邻家女，夜投宿，秉烛火，至天明[②]；金日磾，得宫女，正襟坐，拒靠身[③]；关云长，护皇嫂，读《春秋》，不动心[④]；刘理顺，做家教，见美色，心如冰[⑤]；汉宋弘，不二娶，糟糠妻，当黄金[⑥]；学圣贤，洁自身，修大德，振家声。

【典故释义】

①路女宿，夜不寐：典见《荀子·大略》："柳下惠与后门者同衣，而不见疑，非一日之闻也。"相传在一个寒冷的夜晚，柳下惠夜宿于城门，遇到一无家女子。柳下惠恐她冻死，叫她坐在怀里，解开外衣把她裹紧，同坐了一夜，并没发生非礼行为。于是柳下惠就被誉为"坐怀不乱"的正人君子。

②邻家女，夜投宿，秉烛火，至天明：典见《诗·小雅·巷伯》毛传："昔者，颜叔子独处于室。邻之嫠妇又独处于室。夜，暴风雨至而室坏，妇人趋而至，颜叔子纳之而使执烛，放乎旦而蒸尽，缩屋而继之。" 意思是说邻家女子夜里投宿，颜叔子让她点着烛火到天亮，不欺暗室。

③金日磾，得宫女，正襟坐，拒靠身：典见《汉书·霍光金日磾传》："日磾自在左右，目不忤视者数十年。赐出宫女，不敢近。上欲内其女后宫，不肯。其笃慎如此，上尤奇异之。" 意思是说，金日磾侍从在汉武帝身边，几十年从不用目光直视汉武帝。赏赐给他宫女，也不敢亲近。汉武帝要把他的女儿纳入后宫，金日磾不肯。像他这样笃厚谨慎，汉武帝认为特别奇异少见。

④关云长，护皇嫂，读《春秋》，不动心：典见明代罗贯中《三国演义》第二十七回"美髯公千里走单骑 汉寿侯五关斩六将"。关羽听说刘备在袁绍处避难立即离开曹操，保护皇嫂寻找刘皇叔，经过了曹军的五道关口，杀死了曹操的六员战将。关羽夜护皇嫂甘夫人、糜夫人，他秉烛达旦读《春秋》，不动淫心。

⑤刘理顺，做家教，见美色，心如冰：典见《明季北略·刘理顺传》。明朝状元刘理顺未得功名前，在一富户人家教书，富户选一美貌丫鬟侍奉他三年，他毫无贪色之心，后来官至宰相。

⑥汉宋弘，不二娶，糟糠妻，当黄金：典见《后汉书·宋弘传》。东

汉光武帝刘秀之姐湖阳公主相中大臣宋弘，光武帝亲自做媒，宋弘婉言拒绝说：“贫贱之交不可忘，糟糠之妻不下堂。”此举成为千古美谈。

第50章 戒盗窃

盗和窃，法不容；人逮住，遭毒打，无人怜；不义财，败得快；日夜惧，战兢兢；非分财，难以守；灾祸多，命遭凶；身到处，人人防，心有愧，憋一生；死之后，留骂名，羞亲友，辱儿孙；过痛改，真君子，常洗心，福临门。

第51章 戒恶语

善言出，暖三冬，恶语出，箭穿心；刀口伤，可以治，恶口伤，无法医，痛钻心；恶他人，他受教，他受益，气自己，伤自己，埋祸根；恶不改，传亲朋，传儿孙，自掘坟，绝后路，生无门。郭林宗，慰左原，德报怨，忧患平①；好时想，恼时变，恼时念，好时情；他人恶，我不恶，隐他恶，而善行；有无理，莫恶人；惜缘分，莫恶口，善待人，福无穷。

【典故释义】

①郭林宗，慰左原，德报怨，忧患平：典见《后汉书·郭泰传》。郭泰，字林宗。东汉时期名士。左原，陈留（今河南开封）人，为郡学生，因犯法被驱逐。郭林宗曾经在路上遇见他，办了酒席安慰他，劝他反躬自问，改过自新。左原接受了他的意见走了。有人讥刺郭林宗与坏人来往，他回答说：

"一个人不仁，我不能凶狠待他，我若凶狠待他，是迫使他做更多的坏事。"左原后来忽然又心怀愤恨，结集宾客想报复诸生。这一天郭林宗正在学校，左原很惭愧，觉得辜负了郭林宗的期望，就和宾客散去了。后来事情透露出来，大家都感谢郭林宗。

第52章 戒妄语

病口入，祸口出，说妄语，致纠纷；慎开口，慢眨眼；言不实，勿轻信；当面人，背后鬼；谎识破，变仇人；卖乖巧，搬口舌，找罪受；巧言语，油滑腔，少宾朋；事难成，勿应允，办不到，莫说行；是非语，是非人，是非地，勿接近；为人者，耳根硬，头脑醒，善自警；实语进，诚于信，人感德，众人尊。

第53章 戒忿躁

[怒之害]

怒伤肝，火上心，轻抑郁，重取命；怒气冲，惹祸根，败前程；明崇祯，盛怒下，斩无辜，冤忠烈，江山崩①；怒暴发，吼雷霆，辱自己，羞名声；怒于国，干戈侵；怒于家，长幼混，不安宁；好怒者，众人厌，怕接近，少友朋，事难成。

[制怒四诀]

奉劝君，愤怒时，思患难；遏制怒，学会忍，勿好胜；知错改，增威信；君子德，坦荡荡，容天下，乐融融。

【典故释义】

①明崇祯，盛怒下，斩无辜，冤忠烈，江山蹦：明史记载，崇祯帝听信奸臣谗言，盛怒之下，错斩无辜名将袁崇焕，导致清兵势如破竹顺利入关，覆灭了明朝。

第54章 戒斗殴

好斗殴，首伤己，次伤人；败钱财，官司临；结冤仇，遗后患，害子孙。斗输赢，有何用？智者退，能者隐；理大小，持平等；欺弱小，非好汉；富压贫，耻人伦；世万物，多变化，今日败，未来胜。额头前，堪走马，忍得福，学饶人；畏人者，非痴汉，痴汉者，不饶人；人恼我，不介意，再相交，君子行；标风格，人敬重；各自责，矛盾平；戒斗殴，守善仁。

第55章 戒奢靡享乐

人富贵，岂随身？铺张败，浪费穷；起家难，针挑土，败家易，水淹城；成于俭，败于奢，攀消费，量力行；打肿脸，充胖子，罪自己，殃他人；君子交，淡若水，礼宜轻，重义仁；迁时局，头莫昏，勿违心，赌人情；买单时，少点菜，不要剩；办事时，先算铁，后打钉；爱地球，惜资源，衣鞋物，用到旧，勿糟蹋，少换新；富家国，创事业，奋艰苦，从俭勤；有钱时，勿晒富，无钱时，莫念穷；公益事，多参与，富有余，福有存。

第56章 戒轻浮

水浮萍，根游动，无筋骨，污水生；误岁月，戏生命；没学问，佯装懂；求知识，水面棍；骛高远，懒动身；欲办事，怯雨风；半途废，混一生，事无成，传笑柄。奉劝君，快觉醒，鼓足劲；苦心志，劳其身；步步稳，牢基根；担大任，戒浮轻。

第57章 戒烟戒毒品

[**戒烟**]

烟之害，尼古丁；溃牙齿，毁牙根；伤五脏，坏鼻孔；肺癌变，极可能；人易老，面憔悴；咳难受，头脑昏；行路难，呼吸难；龌龊气，夺精神；污空气，浊环境；脏手脸，辱斯文；招火灾，险随身；浪费钱，弊丛生：老来苦，痰如脓，腥而臭，耻文明；瘴心脏，气管肿；众人厌，怕近身；一支烟，减寿命，五分钟；二手烟，祸他人，致痴呆，失记性；劝君戒，立决心。

[**戒毒品**]

诸毒品，祸身心；瘾上身，鬼迷魂，发毒瘾，涕泪淋，全身颤，满地滚，千虫咬，万蚁叮，如蛇捆，如炮轰；筹毒款，男抢劫，女卖淫，而杀人；破钱财，罪亲朋；乱社会，断命根；有百害，无一利；害家属，败前程；劝君改，灭心瘾，铸心刃，斩毒根，断其源，拒诱引，诚戒毒，铭教训。

第58章 戒酗酒

少饮酒，能健身，若酗酒，乱自性；伤元气，伤肝肾，肝癌变，毁性命；先伤胃，污垢身，虚耗钱，病患生；车祸多，酗酒根；贪杯多，礼失控；毁气节，伤义仁；喜怒哀，丑丢尽；人与鬼，分不清。得罪人，不知晓；招是非，乱假真；痴而饮，非英雄；酗酒后，谁领情？海量大，勿狂饮，灌醉人，礼不恭；禹恶酒，疏仪狄[①]；商纣王，浴酒池，败乾坤。爱饮酒，谨防酗。

【典故释义】

①禹恶酒，疏仪狄：典见西汉刘向《战国策·魏策》："昔者，帝女令仪狄作酒而美，进之禹，禹饮而甘之，遂疏仪狄，绝旨酒，曰：'后世必有的酒亡其国者。'"

下卷 生活常识三字经

第59章 安全总纲十条

重源头，治标本；重关口，前移紧；重前端，处理早；重经常，措施明；重检查，细于心；重管理，以生命；重审批，严把关；重作为，断恶根；重铁律，无人情；重科学，筑长城。

第60章 安全乘车

无证车，拒绝乘；知票价，索车票；严谨防，陌生人，有疑点，盘问清；大小车，慢慢上，依次序，勿乱冲；坐车时，系险带，紧关门；公交车，手扶牢，要站稳，要坐稳；头和手，勿外伸；与司机，莫谈心； 随身物，记特征； 礼貌待，同车人；爱老幼，让车座，讲文明，树新风；车停稳，出车门；拿行李，细点清；记车号，记标识，防丢物，备报警。

第61章 安全开车

开车人，有三保[1]，有三证[2]，礼让先，文明行。开车前，准备勤，勿饮酒；病疲劳，勿启程；善养车，常检查，机件灵；系险带，戒粗心；驾驶室，勿坐童；开车时，聚全神，方向清，把盘稳，不撒把，不猛拐，不持物，不电话，不零食，不玩笑，不谈心，不逆行，不横穿，不占道，绿灯行，红灯停；弯道里，勿停车，不抢秒，规矩行，不越线，靠右行，不追尾，防占线；转弯前，控速度，笛号鸣；转弯时，方向盘，轻轻转，回一把，脑清醒。慎超车，防超载，拒超员，限超长，避超高，止超宽，不冒险，制刹灵；禁乱装，易燃品，危险品；雨雪天，记路标，减速度，谨慎行。停车时，守规定，认标牌，明标准，进出场，需小心。骑摩托，拒饮酒，戒神勇，少带人，头盔顶，让车人。

【典故释义】

①开车人，有三保：三保即车辆保险、人身保险和驾驶员安全保险。

②开车人，有三证：三证即驾驶证、行车证、合格证。没有三证不准开车。

第62章 安全用电

电安全，规章明，严管明，电知明。线老化，即换新；勿随意，动闸门，拆卸装，先论证；零火线，勿错接；防短路，线走正；若漏电，绝缘布，捆绑紧；保险丝，禁止用，铝铁铜；雷雨时，关音响，关电视，拔插头，高建筑，高石坝，勿靠近。高压下，忌垂钓；高压线，莫放筝；电线上，莫晾襟；脱落线，要躲远；裸线头，手莫动；插座上，禁接电；潮湿手，勿接电；擦电器，干毛巾；做实验，用电池；电设施，防潮润。电虎咬，绝电源，人放地，以水淋，勿注射，强心针，助呼吸，按压胸。电闸房，电机旁，要少去，有问题，请电工；不懂电，勿乱行。

第63章 安全防火

[全民防火六要诀]

堵火患，细于心，科学防，筑长城；用好电，管好电，措施明。

[家居防火九细心]

电设备，与暖气，远离分；易燃品，易聚焦，监管紧；燃鞭炮，场地空，小孩燃，大人领；油火上，勿泼水；煤气阀，牢关紧，有点漏，涂肥皂，恶气透，敞开门；取暖物，避煤炉；勿用电，烘衣襟；烈炭火，劲暖身，窗与门，留隙缝；电路阻，急修整，水龙头，要畅通。

[家居救火七措施]

有火情，速报警，详地址，明内容；火若大，先逃生，勿回门；窗外火，门炽烫，湿被褥，堵窗门；浓烟来，匍匐走，湿毛巾，捂鼻孔；身着火，满地滚；逃生路，烟火封，退室内，堵隙缝，舞电筒，喊救命；有生路，以衣物，结系绳，滑阳台，下楼层。

[防火十五要]

化工厂，严操作，精秒分，责到人。护山林，烟禁吸，火忌生，开火路，标火警，做水池，绝火种，鸣喇叭，巡逻车，守风景，插警旗，传单印，人人管，经常管，谁负责，问责谁，定制度，常检查，严执行。

第64章 安全家居

[家居防火四宝]

家防火，四宝请：灭火器、保险绳、小面具、手电筒，存一处，检查勤。

[家居安全四要]

家居室，坚且紧；铁皮门，保险灵；锁钥匙，当命根；进出门，牢关紧。

[家居安全十精]

贵物品，做暗记；少交往，陌生人；规范装，防盗网；察阴谋，妙防身；身份证，存折卡，分开放；有现金，银行存，勿吐风；家中事，守秘密；电话号，少给人；外来人，辨声音，勿随意，慎开门；就寝前，察四周，关窗门，听动静。

［家居安全四策］

遇歹人，持武器，当反抗，勇自卫；遭盗窃，现场封，描形象，记特征，帮破案，法护身；恐吓信，巧对话，委婉求，莫强硬；确地址，协警方，挖祸根。

第65章 安全旅游

[**旅游四备**]

带足钱，结队行；保安全，订合同；小药品，带随身。

[**十注意**]

讲道德，讲文明；守规章，玩开心；问导游，图看明；保险物，牢系紧；欲游泳，择浅处；洪水滚，勿冒险；飘浮物，抱于胸；想爬山，鞋带紧；恶游戏，慎而行；凶动物，禁接近，拒喂食，莫逗引。

[**两防**]

钱和物，守之紧；巧制恶，远歹人。

第66章 安全上网

[健康上网]

爱网络，勿上瘾，适而止，利生存；择网站，选内容，慎而慎，健身心，勿盲目，不乱从。

[慎交网友]

虚拟界，神秘性，想象性，大胆性，匿名性，发泄性，限制性，易上当；交网友，擦亮眼，耍花招，勤追问，无破绽，且可信。

[网瘾八害]

费时间，伤眼睛，堕意志，朽德行，误青春，败钱财，荒学业，腐人生。

[上网四要]

店有证，方可进，善控制，巧安排，志趣明。

[谨慎用手机]

有手机，谨慎用，多查询；陌生人，发短信，骗话费，套密码，传谣言，散垃圾，拒接听；贪小利，掉陷阱；有问题，即报警。

[安全上网六要]

入网络，需安全，以法规，以真实，之身份，之图像，之数据，登记准；不泄漏，不篡改，不毁坏，不出售，不侵犯，人信息；见违法，即举报，查真实，严厉惩；要安装，固定机，移动机，或过户，或开户，守机密，防犯罪，防诈哄；视手机，如生命，牢保管，带随身，勿借用；若丢失，即声明，删内容，改号码，取话费，速速行。

第67章 安全取款

提现金，两三人；按密码，动作灵；点钞票，手眼快，防他人，挤拥进；钱收好，放内袋，戒备出，营业厅；车筐里，勿放钱；莫理睬，陌生人；背挎包，斜肩挂，带握紧，步如风；偏僻路，要少行，靠里侧，身安宁；走大路，观四周，察动静，有异象，巧设计，妙报警。

第68章 安全校园

[安全意识]

同校园，惜缘分；同学习，皆平等；有误会，互谅解；有过错，互批评；有荣誉，互分享；有成绩，互鼓劲；有矛盾，各自责；存小异，求大同；握握手，谈谈心；直报怨，善包容。

[安全校园十不要]

不拉帮，不结派，不称霸，不拼命，不网游，不赌博，不暴力，不电玩，不盗窃，不轻生。

[安全校园三警]

歌舞厅，禁止进；是非语，拒绝听；校内外，讲文明。

[安全校园行动]

上下楼，躬让人，进出门，勿猛冲；课外玩，炼身体，有秩序，动作稳；课堂里，听师训，勿动气，以理明；同学间，勿斗闹；开玩笑，勿过分；高架杆，忌攀爬，上高台，禁猛蹦；打开水，分先后，餐饮食，莫蜂拥；男女生，持平等，莫相欺，敬如宾，丢垃圾，勿害人；尖锐物，忌挥舞；保管好，衣物品，若丢失，勿赖人；水岸边，少游戏；道路上，勿穿行；公共物，精心护；堵火患，众一心；守规章，不走样；得意时，莫忘形；时时防，嫌疑人。

第69章 儿童安全出行

[四记]

物备足，结伴行，守章程，讲文明。

[六守]

斑马线，生命线；绿灯走，红灯停；走路边，靠右行；马路上，忌玩耍，不闹拼；路护栏，不钻跨；过马路，一看清，二慢动，三通行。

[五要]

若离伴，勿乱跑，站原地，等亲朋，好找寻；陌生人，巧言语，拒绝听，勿后跟，受威胁，妙周旋，假顺从，记长相，偷报警，110；旅游时，听指挥，勿卖傻，禁装疯，莫贪吃，止任性；坐电梯，善按键，记楼层；上下楼，互不推，勿挤拥，心莫惊，随后跟。

[乘坐交通工具注意事项]

轮船上，甲板区，危险多，勿游动，有意外，须镇静，救生物，穿戴紧。乘汽车，有秩序，关好门；头和手，不外伸，莫打闹，善待人；下车时， 取行李，勿错拿，记车号，记标牌，备报警。乘火车，对号坐，不违纪，少走动；列车长，乘务员，为旅客，服务勤，有困难，找他们。住旅馆，讲道德，爱卫生，有礼貌，树新风。

第70章 安全使用农药

用药前，查说明；施药时，戴口罩，戴手套，戴草帽，穿外套；操作时，烟勿吸，水忌饮，话莫说，食戒进，日照烈，短暂停；若中毒，请医生；用药后，洗全身，解毒剂，选用灵。

第71章 安全加油

加油站，守纪严；防火事，大如天；车进站，禁吸烟；先熄火，关电源；关手机，细检点；不穿脱，针织衣；不穿梭，忌乱言；油站内，不修车；不擅自，而加油；雷雨时，拒加油；壶装油，勿太满；塑料壶，忌装油。

第72章 善巧报警

报交警，122；报匪警，110；报火警，119； 救护车，120；电信警，定一万；消费警，315；物价警，358；质量警，365；环保警，369； 烟草警，313；政审警，380；后六警，前加数，1和2，凡报警，均免费，全国通。

第73章 理财

[理财四纲]

理财富，宏观控；富家国，风气正；强团体，顾个人；抗灾难，保和平。

[理财十原则]

选投资，利分红，先咨询，知内情，不偏信，顾当前，惠长远，定好位，戒冒进，避风险，保安宁。

[理财十五要求]

大小事，需透明；笔记勤，财进出，严而谨；科学管，瞻前景；信与贷，勿失察；堵坏账，债防空；借钱省，还钱狠；信有约，公私明；大事严，小事宽；家族观，亲属观，危害多，严监控；防黑手，拔恶钉；好心态，炼品质；建旗舰，常整风；精法规，保商品，求之稳；当放弃，应放弃；亏不悔，盈轻松。

[理财十六秘诀]

巧获利，降成本；放而宽，收而紧；钱该用，掷千金，不该用，分分省；送优惠，保质量；好品牌，常更新；售之前，明标码，利客户，君子行；售之后，多回访，责到位，服务勤；若转换，营销路，以实体，信贷明；与同行，利义明；互通融，能共进；互闭塞，则自困；赶热门，防浮肿；欲下雨，先布云；富勿露，戒霸道，利义取；顺人心，赶时势，勿盲从；谋发展，知退进，拓市场，选人才，庸者退，贤者用。

[家庭理财三秘诀]

家庭钱，分三份：应急钱，勿乱用；保命钱，先留足，不可动；闲置钱，要多留，灵活用。

附：理财箴言50条

1.理财要保本，关注细节稳准狠。

2.理财日期明，看好销售日期启息日期比分红。

3.理财要学会放长线，钓大鱼。

4.理财先理账，勤记勤核利益长。

5.理财，首先理好生命和健康。

6.理财制度严，万里扬帆少风险。

7.理财有计划，金豆变金瓜。

8.宏观理财，微观经商，风气正，财兴旺。

9.要做理财的主人，不做理财的佣人；该用时一掷千金；不该用时，一毛不拔。

10.黑心理财，只会失财；良心理财，财源滚滚来。

11.谨守行规法则，理财只赢不输。

12. 先算账，后投资，没有利益不相思。

13.想投资，良好心态不能输。

14.有眼光，有实力，才能投资。

15.钞票生虫，不如投资分红。

16.投资有风险，没有实力不要冒风险。

17.紧盯市场不放，超前调查希望，是降低风险的砝码。

18.瞻前景，找机缘，想赢投资善控变。

19.发财不靠命，只靠人缘和诚信。

20.有智慧，又勤奋，一定成富翁。

21.大财神，小财神，学会十指弹钢琴，心旷神怡勿走神。

22.大财富，大创意；小财富，小创意，没有创意无奇迹。

23. 无视小钱，定失大钱；看中小钱，才有大钱。

24. 舍不得牛皮，熬不成膏药；吃不了小亏，发不了大财。

25. 天天留心，事事留心，处处留心，自有大钱送上门。

26. 地区差，地区妈，养好妈，红利大。

27. 头脑常换新，小亨变大亨。

28. 致富的钥匙是把握机遇，不是命运。

29. 聚沙成塔，集腋成裘，月月储蓄，急事不愁。

30. 握拳要紧，借钱要省，还钱要狠，走的是路，还的是债，轻松愉快。

31. 铺张浪费决河堤，想办企业戒奢靡。

32. 先算铁，后打钉，精打细算石变金。

33. 借贷一张网，借是目，信是纲，纲举目张财兴旺。

34. 想买货，不要抢，看好想好才能讲。

35. 以实力去吹泡沫，财富和生活一定五彩缤纷。

36. 看风掌舵，借鸡生蛋，利滚利，本套本，仁义先。

37. 各人走各路，各赚各的钱，不犯红眼病，处处遇财源。

38. 他人钱包满，自己有得赚；他人钱包瘪，自己金化铁。

39. 大领导，管大事，控棋局，谋发展，做舵手；小领导，干实事，管真事，反假事，促效益。

40. 企业首先管好关键环节；关键环节管住了，份额和利润一定会提高。

41. 管好职工首管心，生老病死牢记心，职工才卖命。

42. 鹤立鸡群，鸡必啄之；木秀于林，风必摧之；人秀于众，众必嫉之；学会受气，蓄养精气，大补元气，持之以恒，终有大喜。

43. 炒股炒股，炒苦炒虎，虎来乘势而上，苦来逆风避港。

44. 股票被恶意操纵，定是魔术师戏弄（大买大卖撤单），赶快撤股观风。

45. 买彩票，不能多，贵在坚持与经常。省点钱，玩一玩。

46. 买彩票，要精明，数字即是命，不会策算不要动。

47. 买彩票，善猜谜，知识丰富一定会。

48. 买彩票，心要公，兴趣浓，能吃亏，善进退，勿贪大，莫冒进，攻为守，心智明。

49. 高利高息设陷阱，虚假广告卖产品，连环诈骗造坏账，胡编案例狡猾哄。知眼线，即报警。

50. 无中生有大奖中，逼交分红卖产品，网罗亲友卖人质，编造虚假恐吓信，传销事，拒绝信。

第74章 婚育

[早婚十害]

早婚育，种不熟，质不优，苗不旺，心不灵，多疾病，怕风侵，害邦国，罪青春，滞人生，家不家，业不业，义难义，仁难仁，己稚嫩，何育人？

[晚婚十优]

晚婚育，种优质，苗健壮，抗风暴，易成材，硕果丰，利青春，富邦国，益人生，家有本，业有成，义可义，仁可仁，己老练，善育人。

[婚育十六诀]

生贵子，血统亲，慎结婚；欲婚育，夫妇和，信科学，破迷信，强素质，首健身，远宠物，远辐射，善劳逸，心清静，节淫欲，培先天，敦厚德，立福基，情绪稳；胎幼教，免随流，倡文明，树新风。

[婚育十戒]

戒烟酒，戒毒品，戒疲劳，戒熬夜，戒乱淫，戒饥饿，戒吵闹，戒恶行，戒激动，戒远行。

[婚育受胎六注意]

婚育前，男女方，细体检，有疾病，适时诊；经高潮，忌房事；经前后，和合淫；好环境，好日子，好身体，好心情，好配合，受胎成；房事后，一小时，请妇方，仰而卧，不要动，禁小便，放轻松；三天内，保温暖，保舒适，保清静，保欢欣。

[孕妇保胎养胎十六明]

停经后，调营养；常检查，胎位正；勿重负，勿旅游，勿乱食，勿乱饮，防感冒；若有病，莫乱诊；多休息，散步勤；禁参加，强运动；优胎教，敦善心，禀资质，行动稳，奉德行①；挤时间，听音乐②，大小事，少过问；衣食行，讲卫生；律于行，诚于心。

【典故释义】

①优胎教，敦善心，禀资质，行动稳，奉德行：清末佛教高僧印光大师强调：“母教第一是胎教。胎教乃禀质之初，凡女人受孕之后，务必居心动念行事，唯诚唯谨，一举一动，不失于正。”又说：“若求子者，肯用胎教之法，其子必定贤善聪慧。”

②挤时间，听音乐：女人怀孕五个月后，即可听甜蜜欢乐的音乐，不可听恐怖凶杀音乐和战斗、武打音乐，声音不可太大，早晚坚持30分钟左右。

第75章 保健

[饮食保健]

创财富，首健身，体魄壮，事有成；无公害，绿食品，营养高，多食用；不生病，讲卫生，进餐前，手洗净；防暴食，忌暴饮，粗细食，搭配匀；睡觉前，水少饮，饮食停，身放松；晨起床，饮杯水，膳食后，水果进；多吃素，少吃荤，看电视，零食禁；三分饿，七分饱，剩菜饭，酌情用；买食品，日期明，查商标，认假真，见过期，即报警；煮米粥，烧菜羹，忌放碱；感冒药，合理用；餐饮具，管理明，严洗涤，厉杀菌；早和晚，须刷牙，用餐后，口漱清。

［体质保健］

强体质，多运动，早和晚，散步勤；运动前，活经络，运动后，稍休整；劳与逸，结合紧；体常浴，衣换勤，被多晒，脚多温；冷添衣，热水淋；身有恙，三分诊，七分养；读和写，姿势正，五保持①，六不要②，律于行；住宅地，园林化，光线足，畅通风；方位佳，室洁净；烟勿吸，酒莫酗；节淫欲，培命根；有病治，无病防；治病时，能吃药，不打针；能打针，不输液；勤保养，精气神；事随缘，好心情；笑常开，歌常吟，活自在，潇洒过；胸放宽，理内息，顺自然，怡安宁。

［提防冷箭］

八冷箭，暗伤身，常提防，惜生命：自来水，隔夜用，有铅铜，先外放，三分钟，再饮用。松软糕，含铝毒，油炸品，烘烤品，膨化品，少食用。常染发，汞剧毒，六个月，染一次；染发前，做皮试，耳之后，涂发剂，过两天，不红肿，不痒痛，方可染。祛斑痕，美白品，含汞铅，勿连续，用三周；买唇膏，抹手背，色变黑，拒绝用。塑制品，泡泡糖，少量吃，不要吞；塑料鞋，塑料杯，塑料瓶，少使用。干洗衣，正已烷，亦有毒，干洗后，通风处，多晾晒，发散毒。洗发精，美肤霜，化妆品，含毒素，少量用，减浓度。打印机，复印机，镉剧毒，优质选，好产品，开门窗，通空气，促对流。

附：

世界卫生组织（WHO）文件摘要

1. 影响人类健康四要素

遗传、医疗、环境（自然环境与社会环境）、生活方式。遗传占15%，医疗占8%，环境占17%，这三项加起来只占40%，是养生改变不了的。而剩下60%，即生活方式，要靠养生解决。（未提饮食）

摘自《家庭保健报》2011年7月1日

2. 关于预防癌症

不吃发霉变质的粮食制品。不吃熏腌制食物（熏鱼、咸肉、腌咸菜），不吃过热、过硬、过焦、过咸的食物。不喝过烫的水。炒菜油温太高，少用煎炸、油炸烹调方法。不吸烟、不酗酒。不吃被农药污染的蔬果和其他食物。多吃新鲜蔬菜。吃饭不要过饱。严格控制肉类食品的摄入量。不要长期服用可能致癌药物（解热镇痛药、氯霉素、抗肿瘤药、睾丸素类药、抗癫痫药、土霉素、氯仿、砷化合物、煤焦油软膏、阿霉素、保泰松、安体舒通、异烟肼、四氯化碳、亚硝酸盐、亚硝胺、花椒、藿香、冬花、石菖蒲、砒石、雄黄等）。不要接触或少接触烟囱里冒出来的烟。不用洗衣粉擦洗餐具茶具和食物。不用有毒塑料制品去装做好的食物与饮品。晒太阳不要过久。房间要通风。封闭环境不要呆得太久。空调要开开停停。少上夜班少熬夜。装潢不要用放射性岩石和矿砂及含有苯、甲醛、四氯化碳、二氯甲烷等。防止污染物滞留。新衣买回来要洗涤后再穿。医院和厂矿人员下班，及时用香皂洗手洗澡，不可把工作服带回家，日常生活垃圾日清日处理，不可堆积。死禽兽鱼要即刻焚烧或掩埋。

《健康与生活》2009年9月

【典故释义】

①五保持：胸与桌边保持一拳头距离，眼与书本保持一尺距离，笔尖与书本保持一寸距离，连续写字看书一小时，眼要保持向远方眺望一分钟，看电视时，眼与电视机至少保持五尺以上距离。

②六不要：不要在光线暗弱和光线强烈的地方看书，不要躺在床上看书，不要在走路时看书，不要在动荡车厢里看书，不要蹲着、趴着或躬身在低矮地方看书，不要开着电视机而靠近电视机屏幕看书。

第76章 养老

（一）养性修身

[**六要**]

世万物，生灭法，荣和枯，规律定：人老了，要服老，一切事，勿较劲；眼神滞，要装笨，一眼闭，一眼睁；耳不灵，要装聋，勿猜测，人动静；有无事，勿找事，莫惹怨，禁生恨；心不悦，要和友，吐吐气，解疑云；身不行，少活动，修涵养，精气神。

[**十一如意**]

世间事，如梦幻，看得破，放得下；恶莫为，善多行；人言歹，笑一笑；人言好，点头应；淡名利，淡富贫，淡阴晴，淡死生，归本真；守晚节，退之进；出有律，入则清；想儿孝，学会忍；想旅游，结伴行；助人乐，解人忧；传递爱，勿记恩。

[**十五注意**]

事随缘，理内功；他人事，少去问；玩小牌，勿赌博；要饮酒，不能酗；穿戴好，忌奢华；有个性，勿好胜；事少管，话少说；不是非，人敬重；守本分，包容人；不网瘾，筋骨硬；不吸烟，少患病；精神爽，少坐车；身轻松，少远行；想安全，少上山；欲长寿，莫贪淫。

（二）养趣修身

[**十六趣**]

创兴趣，度光阴：听音乐，看电视，偕童乐，训鸟鸣，栽花草，种瓜果，逗家禽，养蜜蜂，修盆景，读报刊，琢根雕，做菜羹，观美景，寻典籍，讲故事，育儿孙。

[**十六新风**]

多交友，交好友，健身心，叙叙旧，跳跳舞，唱唱歌，坐坐禅，演演戏，吹吹笛，钓钓鱼，散散步，弈弈棋，谈谈心，绘绘画，练练拳，弹弹琴，剪剪纸，贴贴报，动动脑，写写文。

（三）养体饮食保健

习惯好，勤走动，讲卫生；有病治，无病防；常锻炼，量力行；食与饮，持清淡；汤汤水，粗杂细，柔和软，配合匀；少而食，多而饮；定时起，按时睡；睡之前，水少饮，食勿进，身放松；多吃素，少吃荤；滚热水，泡脚勤；勿憋尿，勿捶胸；急救药，带随身；勿滥用，保健品，营养品；患疾病，莫慌张，乱投医；偏秘方，问医生，谨慎用。

（四）养情预防意外

防摔跤，防劳累，防郁闷，防感冒，防饥饿，防暴食，防中毒，防便秘，防三高，防激动。

（五）养寿乐观自信

从治命，不乱命，命在天，天在我，我自信，信科学，学而行，行善乐，乐自在，活轻松。

附：

古今名人话养生，论长寿

1. 老子（约前 571—前 471 年），他所著的 81 章五千言《道德经》，有 16 章论养生长寿之道。《道德经》：“我有三宝，一曰慈，二曰俭，三曰不敢为天下先。……物壮则老，谓之不道，不道早已（死）。”“是以圣人去甚，去奢，去泰。”《太上老君说清净经图注》“三宝，七伤，十损”：“人身以精而生气，以气而生神；有此三宝，人方长寿。”“喜多伤心，怒多伤肺，哀多伤肝，惧多伤胆，爱多伤神，恶多伤肾，欲多伤脾。”“久行损筋，久立损骨，久坐损血，久睡损脉，久听损精，久看损神，久言损气，久饱损心，久思损脾，久淫损命。”

2. 孔子养生三戒：“少之时，血气未足，戒之在色；其壮也，血气方刚，戒之在斗；及其衰也，戒之在得（名利）。”《论语》：“知（智）者乐水，仁者乐山，知（智）者动，仁者静，知（智）者乐，仁者寿。”

3. 孙思邈（581—682），唐代医学家，人称药王，他的长寿养生方法是练气功。“流水不腐，户枢不蠹，意在斯矣”，意即生命在于运动。

4. 李庆远，传说活了二百多岁，是世界长寿之王。他说：“善养生者，法于阴阳，调于术数，饮食有节，起居有常，作息有时，无名利之系其心，无机械之乱其神，不忘作劳，故能形神相俱，泰然百岁以上。”“食不得过饱，过饱则肠胃必伤；眠不得过久，过久则精耗散。”

5. 乾隆帝（1711—1799），长寿十六字诀：吐纳肺腑（黎明起深呼吸），活动筋骨（经常锻炼），十常四勿（齿常叩、津常咽、耳常弹、鼻常揉、腿常运、面常搓、足常摩、腹常施、肢常伸、肛常提；食勿言、卧勿语、饮勿酗、色勿迷），适时进补。

6. 张国基（1894—1992），华侨教育家，曾任中国侨联主席：基本吃素，多走多动，每晚洗澡。

7. 伯特兰·罗素（1872—1970），英国哲学家、数学家、逻辑学家。他提出人类长寿三大秘诀：一个人首先对生活充满兴趣，即便到了晚年，也不能放弃对生活和事业的追求；避免过多回忆，避免插手年轻人的事情；要豁达大度地看待一切。

8. 佛教鼻祖释迦牟尼佛总结人类患病十大原因：“一者久坐不饭，二者食无菜，三者忧虑，四者疲极，五者淫逸，六者嗔恚，七者忍大便，八者忍小便，九者制上风，十者制下风。”

9. 陈立夫（1900—2001），政治家，曾长期主持国民党人事及组织工作。他常说：“善身在动，善心在静，饮食有节，起居有时，物熟始食，水沸始饮，多食果菜，少食肉品，头部宜冷，脚部宜热，知足常乐。”

10. 陈嘉庚，著名侨商富豪，爱国精英。他的养生秘诀是：饮食清淡，定时定量，户外活动，不怕风雨，常读书报，既往不咎，多做善事。

摘自《健康指南》《益寿文摘》

第77章 天气谚语

春雾雨，夏雾热，秋雾凉，冬雾雪；山雾雨，河雾晴；春天霜，当日雨，秋冬霜，当日晴。黄云雪，白云晴；乌黑云，大雨临，日晕雨，月晕晴；若生毛，雨必淋。朝霞火，而烧天，三日内，洪水冲；晚霞火，而烧天，三日内，持续晴。西虹雨，东虹晴；南方虹，浪奔腾；北方虹，灾害临。云行东，雨祖宗；云行南，雨涨潭；云行北，雨来快；云行西，雨要停；雷声大，响声脆，暴雨临；雷声闷，压山垅，雨不停。天热闷，必生风，风过后，雨倾盆，带雹冰。天有雨，四方亮；天无雨，中天明；早晨看，东南方，天开朗，自然晴；傍晚看，西北方，天阴暗，不会晴。水泥地，变潮湿，连阴雨；咸菜物，潮变干，天必晴。人沉闷，筋骨痛，发老病，无精神，天气变；燕低飞，定有雨；燕高飞，天快晴；蟹上路，蚊虫闹，蚁搬家，雷雨临；蛇入沟，天必雨；蛇上坡，天自晴；猫洗脸，狗吃草，三天内，大雨到；有蜘蛛，做新网，补旧网，天自晴。禽乱飞，兽乱跑，鱼猛蹦，鼠乱窜，兽乱奔，有地震。春季寒，雨酥酥；夏季寒，雨断流；秋天寒，凉风起；冬季寒，雪压冰；雪后寒，霜前冷；雷雨来，多有风。地势高，一丈增，其气候，各不同。信科学，听预报，记谚语，气候变，灵活用。

后　记

致读者

“滴水之恩，当涌泉相报。”当今国家繁荣昌盛、社会安定和谐、人民安居乐业，是经历了血与火的凤凰涅槃。我辈当思来之不易而应倍加珍惜，更应为国家、社会和人民献绵薄之力，呐喊助威。

2004年元旦，我走下工作了40年的讲台，失落感油然而生。退休后的生活如何规划？是栽花养鱼、安享晚年，还是老骥伏枥、志在千里？恰在此时，我被聘任为田头乡关工委常务副主任，牵头组织全乡中小学生德育工作。走村串户，访遍全乡所有中小学，子女不孝、家庭暴力、学生路面打砸、毫发小事争吵……一件件琐事刺痛了我的神经，焦虑忧心之余，我下定决心，将60年的人生经历和40年的教育经验，写成一本书，一部能感化诱导、助力和谐的道德教育读本。

于是乎，从七字一句的《和谐歌》，到四字一句的《和谐贤文》，再到《和谐三字经》，我常常熬夜通宵，倦了就打个盹、牙痛就含口盐水。这期间，有师长的不吝赐教，中国人民大学文学院周宏兴教授主动索稿审阅、题名作序；有领导的亲切关怀，中共中央对外联络部原副部长李北海先生热情来信点评，岳西县政协主席储诚根先生赐序题字；更有素昧平生的知音们的鼓励，将2008句《和谐三字经》上传到“中安在线”网站，跟帖者成千上万，众多专家学者、热心网友来信鼓励，一字之师、一句之师者甚众。

一月又一月，一年又一年，三九不知冷，三秋误当春，三伏不知热，个中滋味、酸甜苦辣，只有自己能体会。还记得冰冻封路之时，手拄松木、脚捆草绳、肩挎文稿，一步一滑走了5里路来到邻村，请求帮忙打打字；

还记得大雪纷飞之日，翻群山、穿险隧，摔倒爬起找感觉，爬起摔倒敲字句，蹲在雪地里边吟边记。经常有人问我：“您老都这把年纪了，天天这样辛苦图啥啊？”我也常常自豪地告诉大家：“笃志和谐事，日日乐开心！”

十年皓首，独自创作6724句《和谐三字经》。在2012年共80天筹资的日子里，岳西县政府、人大、政协以及法院、检察院、司法、信访、经信委、国土、城建、水利、文联、团委、妇联，还有岳西、汤池、店前中学，冶溪、店前初中，14所中心学校，天际房产公司等众多单位纷纷奉献爱心……在此，向所有关心支持《和谐三字经》创作、出版、宣传的单位以及专家学者们，一并顶礼致谢！

拙作取“经”字，实不可为。经者，圣人言，暂借一用。此系初版，瑕疵甚多，恳请广大读者指正。

上文乃2014年6月初版《后记》，发行10000册，我以7000册免费上门赠送岳西县中小学校师生和其他各界志士仁人。点赞铺天盖地，各大新闻媒体跟踪报道。许多专家学者鼓励我再版，精益求精。2015年至今又改十稿，更名《文明三字经》。智者见智，仁者见仁，热心读者自有公论。

徐继忠

2016年6月16日于岳西四望山老家